GÜNTHER BONHEIM

Das Problem des absoluten Anfangs

MYSTIK
IN GESCHICHTE UND GEGENWART

Texte und Untersuchungen
Abteilung I · Christliche Mystik

Begründet von Margot Schmidt und Helmut Riedlinger
Herausgegeben von Volker Leppin

Band 21

frommann-holzboog

GÜNTHER BONHEIM

Das Problem des absoluten Anfangs

Jacob Böhmes Lehre vom Ungrund und Paul Celans Ungrund-Gedicht

Stuttgart-Bad Cannstatt 2021

Gedruckt mit Unterstützung
des Förderungsfonds Wissenschaft der VG Wort

Der Abdruck der Pinselzeichnung von
Marianne Lautensack erfolgt mit freundlicher Genehmigung
von Gabriele und Johannes Priesemann (KUNST im blauen haus)
sowie der Herzog August Bibliothek Wolfenbüttel.

Bibliografische Information
der Deutschen Nationalbibliothek

Die Deutsche Nationalbibliothek verzeichnet diese Publikation
in der Deutschen Nationalbibliografie; detaillierte bibliografische Daten
sind im Internet über <http://dnb.dnb.de> abrufbar

ISBN 978-3-7728-2940-6
eISBN 978-3-7728-3469-1

Stuttgart-Bad Cannstatt 2021
www.frommann-holzboog.de
Satz: Indesign im Verlag
Gesamtherstellung: BoD, Norderstedt

Faksimile der Pinselzeichnung »Eingeschossen« aus dem Aquarellzyklus »Rinde des Nachtbaums« von Marianne Lautensack, München 1990 (Fotografie: Johannes Priesemann)

Inhalt

Vorbemerkung

Den Titel dieses Buchs, »Das Problem des absoluten Anfangs« habe ich von Jürgen Habermas entlehnt. Er findet sich, mit kleiner Abweichung, in seinem Aufsatz »Dialektischer Idealismus im Übergang zum Materialismus – Geschichtsphilosophische Folgerungen aus Schellings Idee einer Contraction Gottes«, den er zusammen mit sechs weiteren Abhandlungen in einem »Theorie und Praxis« betitelten Sammelband 1963 erstmals veröffentlichte. Und zwar ist dort einer der Abschnitte überschrieben mit »Die Korruption der Welt und das Problem eines absoluten Anfangs«.

Auf diesen Text bin ich gestoßen, weil sich Habermas in ihm, über Schelling und dessen »Anschluß an apokryphe Traditionen«,[1] neben Isaak Luria auch kurz mit Böhmes Konzeption befasst. Im Vordergrund steht dabei, wie im Titel angekündigt, der Begriff der »Contraction« – bei Isaak Luria die mit Zimzum bezeichnete »Schöpfungstat«[2] Gottes, das »Zurückgehen Gottes in sich selbst, eine Selbstverbannung aus der eigenen Mitte«[3], und bei Böhme ebenfalls wesentlicher Bestandteil der die Welt hervorbringenden und erhaltenden Vorgänge, allerdings nicht unmittelbar am Beginn aller (ewigen) Entwicklung, wie überhaupt für Habermas' Schelling-Studie festzustellen ist, dass sie sich mit dem »absoluten Anfang« in dessen streng theogonisch-kosmogonischer Semantik weniger beschäftigt.

Täte sie es, dann dürfte, wie es in ihr der Fall ist, auch beim kürzesten Abriss des Böhmeschen Entwurfs der Begriff des Ungrunds nicht fehlen. Denn der wurde von Böhme zwar nicht selber geprägt, aber anscheinend sehr bedacht aus einem unbekannten Fundus herausgefischt, um mit ihm über jenen Moment (?) des Anfangs spekulieren zu können, an dem das Nicht-Sein ins Sein übergeht, über jene das menschliche Vorstellungsvermögen übersteigende Schnittstelle zwischen Absolut-Nichts und Dann-doch-Irgendetwas. Damit geht Böhme in seinen späteren Schriften auch jene Frage an, die, trotz

1 Habermas (1963), S. 121. Den Hinweis auf diese Textstelle verdanke ich Frau Dr. Sigrid Schuler.
2 Ebd.
3 Ebd., S. 122.

ihrer unbestreitbaren Attraktivität, innerhalb des (geistes)wissenschaftlichen Diskurses für gewöhnlich keinen Platz hat, weil es bereits deshalb aussichtslos ist, auf sie eine überzeugende Antwort finden zu wollen, weil eine solche Antwort, selbst wenn man sie fertig vorgesetzt bekäme, unverstehbar bleiben müsste. Es ist die Frage, wie (und warum) es denn sein kann, dass etwas ist? Böhme widmet sich ihr – und zwar, wie es den Anschein hat, weniger, um sich selber über diese Zusammenhänge eine größere Klarheit zu verschaffen, als darum, eine für ihn bereits gesicherte Erkenntnis an seine Leserschaft zu vermitteln – in zahlreichen, immer wieder ähnlichen, doch nie sich völlig wiederholenden Anläufen. Diese Textstellen, in denen das Nichts des Ungrunds als ein gleichwohl sehr facettenreiches, unter wechselnder Beleuchtung offenbar sehr verschiedengestaltiges Objekt erscheint, werden die Basis bilden für die Betrachtungen zu Böhmes Lehre im folgenden ersten Teil dieser Studie. An sie fügt sich im zweiten und abschließenden Teil der Versuch einer Annäherung an ein spätes Gedicht Paul Celans, in dem das Böhme-Wort noch einmal begegnet, nun freilich Element eines grundverschiedenen Anliegens, aber – an exponierter Stelle platziert als das tontragende Schlusswort dieses Textes und überdies ein vom Autor angeredetes Du – mit einer im Vergleich zu Böhmes Spekulationen unveränderten Gewichtung.

Teil I: Jacob Böhmes Lehre vom Ungrund

Erste Überlegungen zum Anfang: Die *Morgen Röte im auffgang* (1612)

Seinen 1620 geschriebenen Traktat »Ein gründlicher Bericht von dem irdischen Mysterio und dann von dem himmlischen Mysterio […]« beginnt Böhme mit den Worten: »Der Ungrund ist ein ewig Nichts / und machet aber einen ewigen Anfang / als eine Sucht / denn das Nichts ist eine Sucht nach etwas«.[1] Mit diesen kryptischen Setzungen stellt Böhme eines gleich eingangs klar: Die Beschreibung jenes allerersten Anfangs, mit der er die kleine Abhandlung beginnen lässt, muss, auch wenn es sich bei diesem Anfang um einen »ewigen« handelt, dort ansetzen, wo das sich herausbildende »etwas« noch in einem unmittelbaren Bezug steht zu seinem Gegensatz als dem »Nichts«, aus dem es irgendwie hervorgeht. Ein solcher Ansatz ist kennzeichnend für Böhmes Auseinandersetzung mit dem Problem *nach* der erzwungenen Schreibpause in den Jahren zwischen 1613 und 1618. Denn im Unterschied dazu beschreibt er in seiner einzigen Schrift, die vorher entstand, der *Morgen Röte im auffgang*, die letztlich zur Schöpfung hinführenden anfänglichen Geschehnisse mit ganz anderer Schwerpunktsetzung unter anderem so:

> Der Vater ist alles / vnd alle krafft Bestehed in dem Vater. er ist der anfang / vnd das End aller dinge / vnd ausser ihm ist nichts / vnd alles was da worden ist / das ist aus dem vater worden / Den fürm anfang der Schepffung der Creaturen / was nichts Als Nur allein Gott / vnd wo Nun nichts ist / daraus wird nichts / Alle ding Mus eine vr sache oder wurtzel Haben / Sonst wird nichts […][2]

Soweit in dem Zitat von »nichts« die Rede ist, und das ist es insgesamt fünfmal, geht es nicht, wie meist später in diesem Zusammenhang, um ein Nichts, das einen Anfang markiert, sondern um ein Nichts, das es nicht gibt. Denn

1 Böhme: *Ein gründlicher Bericht von dem irdischen Mysterio*, S. 3.
2 Böhme: *Morgen Röte im auffgang* (B I), S. 38.

der »Vater« oder »Gott«, der »der anfang« ist, enthält *alles* bereits in sich, so dass »ausser ihm … *nichts*« sein kann. Ebendies ist auch die Aussage einer zweiten Textstelle, mit der Böhme später in seiner Schrift noch einmal auf das Thema zurückkommt. Dabei geht aus dieser Passage zudem noch hervor, dass es sich bei dem Thema offensichtlich um den Gegenstand einer Streitfrage handelt und dass Böhme also mit seiner Aussage entschieden Position gegen eine alternative Deutung bezieht:

> Es Haben zwar viel Scribenten geschrieben / der Himmel vnd die erden Sey aus Nichtes geschaffen / nimpt mich aber wunder / das vntter So trefflichen Mennern nicht einer ist gefunden worden / der doch Hette den rechten Gruntt können beschreiben / Sintemal doch der selbe Gott ist von ewigkeit gewesen, der Ietzt ist / Wo Nun nichtes ist / da wird auch nichtes / alle ding mus eine wurtzel Haben / Sonst wechst nichtes / weren nicht die Sieben Geister der Natur von ewigkeit gewesen / So were kein Engel / auch kein Himmel vnd auch keine erde worden […][3]

Und auch im folgenden Zitat geht Böhme die Frage nach der Schöpfung aus nichts an, indem er eine Meinung wiedergibt, die er als irrig abtut. Doch ist es diesmal nicht die Ansicht vieler »Scribenten«, sondern das, was »Der Einfeltige spricht«:

> Gott Hatt alles auß nichtes gemacht / er kent aber den selben Gott nicht / vnd weis nicht was er ist / wen er die Erde ansihed / mit sampt der Tiffen über der Erden / So denckt er das ist nicht Gott / oder da ist nicht Gott / Er Bilded ihm alle zeit für / Gott wone alleine über dem Bloen Himmel der sternen vnd Regire edwan mit einem Geiste / der von ihm aus gehe in dieser weld / sein Corpus Sey nicht Hie auff erden / vnd in der Erden kegenwertig […][4]

Das erinnert, bis in die Wortwahl und ganze Versatzstücke hinein, sehr an Böhmes bekannte Schilderung der Beobachtungen und Gedanken, die ihn letztlich, wie er schreibt, in eine »Harte Melancoley vnd Traurigkeit gerahten«[5] ließen; und so hätte er gewiss nichts dagegen einzuwenden gehabt, wenn man aus diesen Kongruenzen schlösse, dass jener »Einfeltige«, an dessen Adresse seine Belehrungen gerichtet sind, nicht zuletzt er selbst einmal war:

> Es haben die Menschen I. vnd alle wegen gemeint / der Himmel Sey viel Hunderd / oder viel Tausend meilen von diesem Erd Boden / vnd Gott wonne alleine in dem selben Himmel / Es Haben auch wol Edliche phisicy sich vntterstanden die selbe Höhe zu messen / vnd gar Seltzsame ding Herfür Bracht /

3 Ebd., S. 205.
4 Ebd., S. 230 f.
5 Ebd., S. 199.

> Zwar Jch Habe es selber für dieser meiner erkentnis vnd offenbarunge Gottes dafür gehalten / das daß alleine der Rechte Himmel Sey / der sich mit einem runtten zirg Gantz licht Blo Hoch über den sternen schleust / In meinung Gott Habe alleine da Innen sein Sonderliches wesen / vnd Regire nur alleine In krafft seines Heiligen Geistes in dieser weld [...][6]

Die Erkenntnis, dass außer Gott nichts und nicht etwa *ein Nichts* ist (aus dem die Welt dann hervorgezaubert werden könnte), war für Böhme Teil jener umfassenden, befreienden Erkenntnis, die ihm »nach edlichen Harten stürmen« den Ausgang aus seiner Melancholie und einen triumphalen Durchbruch seines Geistes »durch der Hellen Porten [...] Biß in die Inreste geburtt der Gottheit«[7] bescherte. Von daher ist gut nachzuvollziehen, dass Böhmes wiederholte Erörterungen des Themas immer zugleich klare Positionsbestimmungen für die eine als richtig erkannte und gegen die andere als irrig abgetane Meinung sind und dass Differenzierungen innerhalb der von ihm postulierten Gottesvorstellung, so wie sie später im Vordergrund stehen werden, demgegenüber nachgeordnet waren oder ihm einfach noch nicht genügend durchdacht erschienen. Gleichwohl sind Ansätze in diese Richtung auch schon in der *Morgen Röte* erkennbar. So heißt es im 23., »Von Der Tiffe über der Erden« überschriebenen Kapitel:

> Den der Gantze Gott stehed in Sieben Species / oder Siebennerley gestald / oder gebärunge / vnd wen diese geburten nicht wehren / So wehre kein Gott. auch kein leben / auch kein Engel / Noch Einige Creatur / Vnd die selben geburten Haben keinen anfang / Sondern Haben Sich von Ewigkeit also geboren / vnd nach diser Tiffe / weis Gott selber nicht was er ist / den er weis keinen anfang / vnd auch nichtes seines Gleichen / vnd auch kein Ende.[8]

Nicht so sehr die »Siebennerley gestald«, in der der »Gantze Gott« steht, ist in diesem Kontext des Nachgrübelns wert, sondern die Differenzierung, die das Zitatende in sich enthält. Denn wenn Gott nur *»nach dieser Tiffe«*, wie es dort heißt, nicht weiß, »was er ist«, dann weiß er es unter anderen Prämissen offensichtlich sehr wohl. Die Unterscheidung, um die es geht, ist damit im Prinzip bereits jene, die Böhme später sehr dezidiert trifft zwischen dem unoffenbaren Gott, der »ausser aller Natur« und insofern »mit dem Nichts Ein Ding«[9] (oder auch der Ungrund) ist, und demjenigen, der sich als ein »Seh-

6 Ebd.
7 Ebd., S. 200.
8 Ebd., S. 254.
9 Böhme: *Von göttlicher Beschaulichkeit* (P IV), S. 182 (Cap. 2, Abs. 20).

nen nach der Offenbarung«[10] in die Natur hineinbegeben hat; es ist dieselbe Unterscheidung wie die zwischen Gott als dem ewig unbeweglichen Einen und der göttlichen Dreiheit von Vater, Sohn und Geist.

Der Neubeginn nach der Schreibpause: Die Schriften *Beschreibung der drei Prinzipien göttlichen Wesens* (1619) und *Vom dreifachen Leben des Menschen* (1620)

Seine Erstschrift *Morgen Röte im auffgang* brach Böhme mitten im Text ab. Vom 27. Kapitel findet sich von ihm nur noch der Titel notiert. Es fehlte, nach Angabe eines späteren Kopisten, Heinrich Prunius, »[n]och über ein Drittel des Werkes […] an seiner Vollendung«.[11] Dass dies mit der Konfiszierung der Handschrift zu tun hatte, ist, soweit sich die Chronologie der Geschehnisse 1612/13 rekonstruieren lässt, eher unwahrscheinlich, auch wenn Böhme selber einen solchen Zusammenhang in einigen kurzen Rückblicken nahelegt.[12] Da die *Morgen Röte* das einzige seiner Werke ist, das er im Nachhinein mit eher kritischem Auge betrachtet, und da er die folgenden, nach der Schreibpause entstandenen drei Schriften ihr gegenüber als »([…] zehenmal höher) gegründet«[13] bezeichnet, so spricht mehr dafür, dass sich ein gewisses, letztlich zu Stockungen führendes Ungenügen an seinem Text bereits während des Schreibens anbahnte und dass ihm die Phase des aufgezwungenen Schweigens insofern vielleicht gar nicht so unrecht kam, als sie ihm die Möglichkeit bot, vieles noch einmal genauer zu durchdenken. Dass dies auch die Spekulationen zu den Vorgängen im Anfang betraf, ist zu vermuten. Jedenfalls sind gerade im Hinblick auf sie die Modifikationen in Böhmes Konzeption doch recht augenfällig. Der folgende Passus aus der *Beschreibung der drei Prinzipien göttlichen Wesens*, Böhmes zweiter Schrift, greift das Thema des zuletzt wiedergegebenen Zitats aus der *Morgen Röte* erneut auf, nunmehr aber mit einer gänzlich veränderten Terminologie:

> Der Wille hat von Ewigkeit geboren das Wort, und das Wort die Kraft, und die Kraft den Geist, und im Geist ist das Licht, und im Lichte die Macht, Verständniß und Erkentniß, sonst wäre alles ein Nichts.

10 Böhme: *Von der Geburt und Bezeichnung aller Wesen* (P VI), S. 18 (Cap. 3, Abs. 2).
11 Buddecke: *Morgen Röte im auffgang. Die Handschrift*. In: B I, S. 349–363, hier: 349.
12 So in seiner *Ersten Schrift gegen Balthasar Tilke* (P V), S. 7 (Abs. 35).
13 Böhme: *Briefe* (P IX), S. 38 (Br. 10, Abs. 37).

> Dasselbe Licht hat in der Erkentniß und Verständniß gewircket und geboren ein Gleichniß seines Wesens; und das Wesen, das da wirckete, war das Fiat; und das Fiat formete die Gleichniß, welche ward geboren aus dem ewigen Willen, und machte sie sichtbar; und die Gleichniß ward geboren aus der Finsterniß, aus dem ewigen Nichts, und da doch etwas war, als der Urkund der Aengstlichkeit, daraus sich der ewige Wille von Ewigkeit urkundet.[14]

Es wäre unmöglich, das vorstehende Zitat, in dem allein im ersten Satz zehn bedeutungsträchtige Begriffe zueinander in Beziehung gesetzt werden, zu denen im zweiten Abschnitt dann noch sechs weitere hinzukommen, auf einigermaßen überschaubarem Raum zu kommentieren. Doch soll es hier auch nur um zwei kleine Segmente daraus gehen und in denen vornehmlich um einen einzigen Begriff, nämlich denjenigen wieder des Nichts. Dessen erste Verwendung im Text ist dabei offensichtlich noch von ähnlicher Art wie die »nichts« und »nichtes« aus den betrachteten *Morgen Röte*-Passagen. Statt »sonst wäre alles ein Nichts« könnte die Satzeinheit, ohne dass damit nennenswerte semantische Konsequenzen verbunden wären, ebenso gut auch lauten: »sonst wäre alles nichts«; der Unterschied zur originalen Fassung scheint in erster Linie im Formalen, also in der Entscheidung für das Substantiv zu bestehen, denn das Nichts, von dem da die Rede ist, ist schließlich nur konjunktivisch vorhanden. Ganz anders die zweite Verwendung. Das »ewige[ ] Nichts«, aus dem »die Gleichniß« geboren wurde, ist als ein durchaus Reales gedacht, und der Gedanke steht damit deutlich im Widerspruch zu Aussagen aus der *Morgen Röte*, in denen kategorisch festgestellt wurde, »Wo Nun nichtes ist / da wird auch nichtes«, oder Böhme, aufgrund dieses, wenn man so möchte, physikalischen Grundsatzes, seine Verwunderung über die »trefflichen Menner[ ]« kundtat, die behaupteten, »der Himmel vnd die erden Sey aus Nichtes geschaffen«. Damit geht Böhme auch hier wieder, aber hier noch etwas entschiedener als in der *Morgen Röte*, hinter den Gott, der »weis…was er ist«, zurück, auch wenn er unmittelbar anschließend mit dem Hinweis, dass »da doch etwas war«, die Aussage in ihrer Radikalität ein wenig zurückzunehmen scheint. In Wirklichkeit benennt er, und derart ausdrücklich wohl zum ersten Mal, ebenjene Paradoxie, das Undenk- und -verstehbare, das er bis in seine letzten Schriften als solches immer wieder in Worte zu fassen versucht; es ist die unvereinbare Zweiheit von Nichts und einem diffusen ersten Hauch Etwas (hier spezifiziert »als der Urkund der Aengstlichkeit, daraus sich der ewige Wille von Ewigkeit urkundet«), die trotzdem als eine Einheit gedacht werden muss. Und es ist zwar noch nicht der Begriff des Ungrunds, zu dem Böhme

14 Böhme: *Beschreibung der drei Prinzipien göttlichen Wesens* (P II), S. 81 (Cap. 8, Abs. 27 f.).

in seiner zweiten Schrift, den *Drei Prinzipien*, bei diesen Spekulationen zum ursprünglichen Nichts gelangt, doch findet sich dort immerhin bereits das zugehörige Adjektiv »ungründlich«:

> Die ewige Gebärung ist eine unanfängliche Geburt, und hat weder Zahl noch Ende, und seine Tieffe ist ungründlich, und das Band des Lebens unzertrennlich: der siderische und elementische Geist kans nicht schauen, vielweniger fassen [...][15]

In der dritten Schrift, dem *Dreifachen Leben des Menschen*, begegnet das Wort in kurzem Abstand gleich zweimal erneut:

> Er allein ist der ewige Anfang, und fasset das Centrum zur Gebärerin, welches machet die ewige Mutter der Gebärerin des Wesens aller Wesen: denn GOtt hat keinen Anfang, und ist nichts ehers als Er; aber sein Wort hat einen ewigen ungründlichen Anfang in Ihme, und ein ewig ungründlich Ende: da es doch nicht Ende, sondern Person recht genant wird, als des Vaters Hertze, dann es wird in dem ewigen Centro erboren, nicht als eine Gestalt des Centri die zum Centro gehöre, sondern als ein Gewächs eines andern Centri aus dem ersten Ewigen.[16]

»Ungründlich«, das Wort mag Böhme hier und da gelesen haben, das Grimmsche Wörterbuch verweist u. a. auf Verwendungen von Sebastian Münster und Martin Luther,[17] in der spezifischen Bedeutung, in der Böhme es gebraucht, hat es allerdings kein Vorbild. »Ungründlich«, das ist bei ihm nicht das Gegenteil von »gründlich«, und es ist auch nicht ein Synonym von »unergründlich«, am ehesten kommt es wohl mit »grundlos« überein, doch gibt es auch dazu eine klare Differenz: Während das eine mit seinem *–los* auf etwas hinweist, das *ohne* einen Grund ist, ist das *Un*gründliche reine Negation, benennt es, im Unterschied zu einem Grund, nicht das, was keinen Grund *hat*, sondern etwas, das kein Grund *ist*, also einen Nicht-Grund. Das wird, wie bei den oben vernommenen Ungründlichkeiten von »Tiefe«, »Anfang« und »Ende«, auch bei denen, die in den nachfolgenden Zitierungen noch begegnen werden, im Blick zu behalten sein, und dass es damit gerade ein »un« ist, das diese so ungewöhnliche Qualifizierung erstellen half, ist im Übrigen noch insofern bemerkenswert, als sich mit dieser Vorsilbe gegen Ende der Schrift noch eine zweite Besonderheit verbindet: Im drittletzten, dem sechzehnten Kapitel des *Dreifachen Lebens* setzt sich Böhme sehr intensiv mit dem Text des Vaterunsers auseinander. Auf seine Feststellung vorab, dass das Gebet einen

15 Ebd., S. 32 (Cap. 4, Abs. 17).
16 Böhme: *Vom dreifachen Leben des Menschen* (P III), S. 39 f. (Cap. 3, Abs. 2).
17 Vgl. Grimm (1984), Band 24, Sp. 1034.

»gar hohen und treflichen Verstand […] in der Natursprache«[18] gebe, folgt (aus der erklärten Kenntnis dieser Natursprache heraus) eine Deutung, mit der Böhme seiner Sammlung an phonetischen Wort- und Satzanalysen, die sich seit der *Morgen Röte* in sein Werk eingestreut finden, eine weitere sehr ausführliche hinzufügt. Silbe für Silbe wird das Gebet auf seinen semantischen Gehalt hin befragt, und diejenige Silbe, die darin am häufigsten enthalten ist und deshalb am häufigsten auch einer – stets variierenden – Deutung unterzogen wird, nämlich insgesamt viermal, ist eben das »un«. Die erste dieser Deutungen gilt gleich der ersten Silbe des Gebets überhaupt, denn Böhme beginnt das Vaterunser mit der Anrede »*Un*ser Vater im Himmel«:

> **Un** ist der ewige Wille GOttes zur Natur […][19]

Das zweite »un« ist dasjenige aus »*Un*ser täglich Brot«:

> **Un**, mit dieser Sylbe gehet der Seelen Willen in die ewige Weisheit, darinnen sie vor der Schöpfung im Samen, im ewigen Willen erblicket ward.[20]

Das dritte dasjenige aus »Und verlasse [oder verlaß] uns *un*ser Schuld«:

> **Un**, da schmieget sich der Wille in GOttes Liebe, und wäschet das böse Kind **Ser**, und bekennet hiemit alle Bosheit als wäre es Eine in einer Seelen.[21]

Das vierte dasjenige aus »Als wir verlassen *un*sern Schuldigern«:

> **Un**, diese Sylbe dringet aber in die Liebe GOttes, und begehret die gewaschene Seelen in die Liebe zu führen.[22]

Was auffällt, ist, dass alle diese vier Auslegungen, so weit gespannt das durch sie umrissene Spektrum auch sein mag, eines doch miteinander verbindet: Sie alle handeln von Bewegungen und Elementen, die in Böhmes Kosmos eher dem zweiten, also dem Licht-Prinzip zugehören (»dringet … in die Liebe GOttes«) oder an die sich zumindest (»gehet … in die ewige Weisheit«) keine negativen Vorstellungen knüpfen. Das ist, wie schon an »und wäschet das böse Kind **Ser**« zu sehen war oder etwa auch an der Ausdeutung des »Schul«

18 Böhme: *Vom dreifachen Leben des Menschen* (P III), S. 312 (Cap. 16, Abs. 29).
19 Ebd., S. 313 (Cap. 16, Abs. 30).
20 Ebd., S. 316 (Cap. 16, Abs. 34).
21 Ebd., S. 317 (Cap. 16, Abs. 35).
22 Ebd., S. 318 (Cap. 16, Abs. 35).

aus »unsern Schuldigern« sich zeigt,[23] nicht bei allen Silben des Vaterunsers so. Die vier »un« verweisen allesamt in jene Region vor der Schöpfung, wohin auch die menschliche »Seele«, wenn das Gebet gesprochen wird, sich »erhebet«,[24] und das heißt dorthin zurück, wo sie »im Samen, im ewigen Willen erblicket ward«, wobei einem unter diesen vieren, nämlich dem ersten, insofern noch eine besondere Bedeutung zukommt, als es den Bogen gleichsam über die anderen hinweg am weitesten zurückspannt. Denn wenn es von ihm heißt, dass es »der ewige Wille GOttes *zur* Natur« sei, dann steht es ganz offensichtlich noch für den Gott »*ausser* aller Natur«, dann artikuliert sich im Anfang des Gebets zugleich der (ewige) Anfang allen Seins, dann könnte es statt »**Un** ist der ewige Wille GOttes zur Natur« eigentlich auch hier schon ergänzend heißen: »Das **Un** als der *Ungrund* ist der ewige Wille GOttes zur Natur«.

Der Beginn der expliziten Rede vom Ungrund: Die *Vierzig Fragen von der Seele* (1620) und der *Gründliche Bericht von dem irdischen Mysterio und dann von dem himmlischen Mysterio* (1620)

Vielleicht ja, dass in der vierfachen Deutung des »un« insofern tatsächlich eine Art erster Hinführung zur Verwendung (oder Bildung) eines neuen Begriffs mitgelesen werden kann, vielleicht auch, dass die Reflexionen darüber Böhme selber erst in diese Richtung führten, jedenfalls sind es nicht viele Seiten, die die Auslegung des Vaterunsers von der erstmaligen Nennung des Begriffs Ungrund trennen, zwei restliche Kapitel noch in der Schrift *Vom dreifachen Leben* und noch 15 Abschnitte in der Beantwortung der ersten der folgenden *Vierzig Fragen*. Diese erste Frage lautet: »Woher die Seele vom Anfange der Welt entstanden?«[25] Böhme widmet sich ihr sehr ausführlich, seine Antwort auf sie umfasst für sich allein etwa die Hälfte des Raums, den die übrigen 39

23 »diese Sylbe zeiget an das unnütze Werck, daß eine Seele gegen der andern aus des Feuers=Tinctur gewircket hat: Und ist eine Darstellung des Ubels, welche die Seele im Willen selber wieder gewaschen und gereiniget hat.« (Ebd., S. 318 [Cap. 16, Abs. 35])

24 Ebd., S. 313 (Cap. 16, Abs. 30).

25 Böhme: *Vierzig Fragen von der Seele* (P III), S. 3. Die Fragen waren Böhme von dem Glogauer Arzt, Orientreisenden und späteren Hofchemiker Augusts von Anhalt-Plötzkau Balthasar Walther zugesandt worden, worauf Böhme in Briefen vom Januar 1618 (möglicherweise auch 1619) sowie aus dem Jahr 1620 hinweist (vgl. Böhme: *Briefe* [P IX], S. 9 [Br. 1, Abs. 17] sowie S. 33 [Br. 10, Abs. 12]). Zu den näheren Umständen von

für sich beanspruchen, wahrscheinlich, weil sie als die grundlegende ein seiner Ansicht nach weites Ausholen erforderte. So ist auf den ersten Seiten von der »Seele« selber noch keinerlei Rede, wohl aber dafür (u. a.) vom »GOtt in der Natur« und seinem »Ewige[n] Wille[n]«,[26] von »Finsterniß« und »Licht«,[27] von der »stille[n] Freyheit« und schließlich vom »ewige[n] Feuer«,[28] von dem es heißt: »Nun verstehen wir am Feuer zehen Gestalten, welche alle im Willen erboren werden, und sind alle des ewigen Willens Eigenthum«.[29] Mit diesen »zehen Gestalten« setzt sich Böhme im Folgenden sehr extensiv auseinander, mit ihrer Erläuterung, die sich durch die gesamte Beantwortung der Frage hindurchzieht, beginnt er im unmittelbaren Anschluss. Der nachstehende längere Textauszug gibt diesen Beginn vollständig wieder, gegen Ende des Zitats spricht Böhme dann erstmals vom »Ungrund«:

> Die erste Gestalt.
>
> Erstlich ist die ewige Freyheit, die hat den Willen, und ist selber der Wille. Nun hat ein ieder Wille eine Sucht etwas zu thun oder zu begehren, und in demselben schauet er sich selbst: er siehet in sich in die Ewigkeit, was er selber ist; er machet ihm selber den Spigel seines gleichen, dann er besiehet sich, was er ist: so findet er nun nichts mehr als sich selber, und begehret sich selber.
>
> Die andere Gestalt
>
> Das ist die andere Gestalt die begehrend ist, und hat doch nichts als sich selbst: so zeucht sein Begehren das Model seines Willens in sich, und schwängert sich selber, daß also eine Finsterniß oder Uberschattung im Willen wird, welches der Wille auch nicht haben will, sondern das Begehren; die Sucht machet das, und ist auch nichts das das Begehren verzehren oder vertreiben mag. Dann was vor dem Begehren ist ausser der Sucht, das ist frey und ein Nichts, und da es doch ist: so es aber etwas erkentliches wäre, so wäre es ein Wesen, und stünde wieder in einem Wesen, das das gäbe. So es aber ohne Wesen ist, so ists die Ewigkeit, das ist gut, dann es ist keine Qual, auch hats keinen Wandel, sondern ist eine Ruhe und ewiger Friede.

Walthers Kontaktaufnahme mit Böhme und der Zusendung der 40 Fragen vgl. Penman (2012).

26 Ebd., S. 8 f. (Fr. 1, Abs. 4 f.).

27 Ebd., S. 9 f. (Fr. 1, Abs. 6–11).

28 Ebd., S. 10 (Fr. 1, Abs. 10 f.).

29 Ebd., S. 10 (Fr. 1, Abs. 12).

> Weil aber die grosse Weite ohne Grund ist, da keine Zahl noch Ende ist, und auch kein Anfang, so ists gleich einem Spigel: es ist Alles und doch auch als ein Nichts; es besiehet sich selbst, und findet doch nichts, als ein A, das ist sein Auge; A V das ist der ewige Urkund, daß etwas sey, dann es ist der ewige Anfang und das ewige Ende.
>
> Also siehet der Ungrund in sich, und findet sich selber. Das A ist unten, und das V ist oben, und das O ist Auge, und da es doch in sich kein Wesen ist; sondern also ist der Urstand des Wesens. Es ist kein Unten noch Oben: alleine sein Spigel im A V ist also ein Sehen. Dieweil aber kein Grund ist, so ist sein Spigel ein solch O Auge: dann GOtt spricht selber, Ich bin das A und das O, Anfang und Ende, in Apocalypsi, der Erste und Letzte.[30]

Fast etwas beiläufig kommt also der »Ungrund« bei seinem ersten Erscheinen im Kreis der Begriffe daher, mit deren Hilfe Böhme zu beschreiben versucht, wie aus dem Nichts des Anfangs ein Etwas hervorgeht. »Also siehet der Ungrund …«, das klingt so, als wäre er an dieser Stelle bereits wohlbekannt. Da dies aber eben nicht der Fall ist, so scheint er gewissermaßen stellvertretend für einen anderen zuvor verwendeten Begriff, oder auch für mehrere gleichbedeutende Begriffe, dessen/deren Platz einzunehmen. In Frage kommt dafür sicher am ehesten der kurz zuvor als »der ewige Anfang und das ewige Ende« beschriebene »ewige Urkund«, andere mögliche Synonyme (?) wären die »grosse Weite ohne Grund« oder die »ewige Freyheit«.

Bis zum Beginn des folgenden Teils über die »dritte Gestalt«[31] begegnet der Ungrund dann noch zwei weitere Male, und beide Male geschieht es, wie zuvor, in Verbindung mit dem »Auge«.[32] Die erste Stelle lautet:

> Also verstehet hiemit die Kugel der Aeternität, darinnen der Grund Himmels und Erden, und der Elementen mit dem Sternen=Rade stehet. Dann das ist eine Kugel gleich einem Auge, und ist GOttes Wunder=Auge, da von Ewigkeit ist alles Wesen darinnen gesehen worden, aber ohne Wesen, gleich als im Spigel oder im Auge: dann das Auge ist des Ungrundes Auge, da wir dann dazu keine Feder noch Zunge zu schreiben oder zu reden haben, alleine der Geist der Ewigkeit führet der Seelen Auge da hinein, und also sehen wirs, sonst würde es wol stumm und von dieser Hand ungeschrieben bleiben.[33]

Die zweite Stelle knüpft darüber hinaus noch einmal an die, gleichermaßen rätselhafte, vorgebliche Präsenz einiger Buchstaben im Ewigen an:

30 Ebd., S. 10 f. (Fr. 1, Abs. 13–16).

31 Ebd., S. 12.

32 Zur Verbindung von Ungrund, Auge und Spiegel vgl. das Kapitel »Der Ungrund als etwas«.

33 Böhme: *Vierzig Fragen von der Seele* (P III), S. 11 f. (Fr. 1, Abs. 18).

> So gründen wir daß im O ein Wille sey, und der Wille ist das O selber, und machet das A als den ewigen Anfang der Sucht, daß sich der Abgrund besiehet, und also in sich eine Form machet, gleich einer Kugel: dann das Auge findet keinen Grund, es schleust sich selber als wie in einen Spigel zu einer runden Kugel; daß es also der Ewigkeit Gleichniß sey, daß es sich kann selber finden, dann im Abgrunde ist kein Finden, dann es ist kein Ort oder Ziel, sondern nur der Ungrund: und so es sich dann also im Auge selber findet, so findet es doch nichts als das Auge, das ist die Kugel.[34]

Von den Besonderheiten, die auch in diesem Textauszug wieder zur Genüge vorhanden sind und denen man allen im Einzelnen (mit freilich ungewissem Erfolg) nachspüren könnte, möchte ich nur eine herausgreifen: es ist die Häufigkeit, in der von einem Grund oder –grund die Rede ist. Neben »Ungrund« und »Grund« (von dem es allerdings heißt, dass das Auge »keinen« solchen findet, so dass wohl auch keiner zu finden ist), ist es zweimal ein »*Ab*grund«, den Böhme in seine Darstellung mit aufnimmt, wobei das eigentlich Bemerkenswerte hieran die Bedeutung ist, die dem Begriff diesmal unterlegt wird. Denn während er in den vorangehenden drei Schriften immer unmissverständlich negativ konnotiert war (»Dann die 4 Gestalten ohne das ewige Licht sind der Abgrund, der Zorn GOttes und die Hölle«;[35] »Wenn du in die Sünde eingehest, so gehest du in den Abgrund«[36]), so scheint es sich bei ihm nun offenkundig – »dann im Abgrunde ist« ja »nur der Ungrund« – um eine weitere, zumindest weitgehende Entsprechung zu handeln. Auf diesen sehr auffälligen Bedeutungswandel und seine möglichen Hintergründe wird später noch, im Kapitel zum Basler Tauler-Druck, genauer zurückzukommen sein.

Dem Ungrund gilt in den *Vierzig Fragen* dann noch ein weiteres Mal und wieder im Rahmen der Antwort auf die erste Frage zumindest kurz Böhmes Aufmerksamkeit, und zwar geschieht es da im Zusammenhang der bekannten von Böhme selber angefertigten bildlichen Veranschaulichung seines Weltentwurfs, der »Philosophische[n] Kugel« oder dem »Wunder Auge der Ewigkeit«.[37] Die Zeichnung, die in der Umrahmung einer Kreislinie aus mehreren

34 Ebd., S. 12 (Fr. 1, Abs. 20).
35 Böhme: *Vom dreifachen Leben* (P III), S. 28 (Cap. 2, Abs. 50).
36 Ebd., S. 219 (Cap. 11, Abs. 69).
37 Böhme: *Vierzig Fragen von der Seele* (P III), zwischen S. 30 und 31. Die Zeichnung hat sich nicht im Original erhalten, wohl aber in den Nachzeichnungen der frühen Kopisten als Bestandteil ihrer Abschriften. Deren bislang bekannter Wirkungsgeschichte hat Sibylle Rusterholz jüngst ein weiteres (als solches nicht zweifelsfrei gesichertes, aber sehr wahrscheinliches) Dokument der produktiven Rezeption hinzugefügt. Und zwar legt sie überzeugend dar, dass der von Angelus Silesius verfasste Vierzeiler »Unter einem Bildnis Jakob Böhmes« mit seinem prominent gewordenen Schlussvers »Und Gottes

Halbkreisen und einem Kreuz mit einem Herz auf dem Schnittpunkt der Balken besteht, enthält eine Fülle von Begriffen, die über das Bild verteilt sind, die Zählung reicht bis zur Nr. 63. Die Nr. 1, die als die einzige mehrmals erscheint, ist der »Abgrund«; in der Verlängerung der Kreuzbalken ist das Wort am äußersten Rand der Kreisfläche gleich viermal zu lesen. Ungrund und Grund sind nicht unter den Begriffen, doch kommt beides in der angefügten »Erklärung der Philosophischen Kugel«[38] vor, und zwar am akzentuiertesten dort, wo Böhme sich dem »Abgrund« am linken Rand zuwendet, dem er als Nr. 2 die Worte »Bedeut das Mysterium außer der Natur« zuordnet. Seine Erklärung dazu lautet:

> Der dreyfache Circkel zur Lincken, da ausser dem Circkel stehet Num. 2. Das Mysterium ausser der Natur, bedeutet wie sich der Ungrund in Grund führet, als das Auge der Ewigkeit, der erste Wille, der Vater der Ewigkeit und alles Anfangs heisset, wie Er sich in Dreyfaltigkeit in der Weisheit in einen ewigen Grund einführet, und in sich selber wohnet, sich selber besitzet, und wie Er sich in Natur führet; und wie das Wesen urständet, sowol die Empfindlichkeit und Findlichkeit.[39]

Böhmes Einführung des Begriffs Ungrund in seinen *Vierzig Fragen* hat insgesamt etwas ausgesprochen Unspektakuläres an sich. So vergleichsweise signifikant wie hier im Zitat zur Erläuterung der »Num. 2« begegnet er selten im Text, meist sticht er unter den umgebenden verwandten Begriffen nicht besonders hervor. Hinzu kommt, dass mit dem »Abgrund« ein in seiner Semantik grundlegend veränderter, nämlich ebenfalls zur Bezeichnung des anfänglichen Nichts herangezogener Begriff von Böhme gleichzeitig eingeführt und parallel gebraucht wird. Im Bild der »Philosophischen Kugel« wird ihm sogar der Vorzug gegeben.

Nun spricht einiges dafür, dass sich Böhme nicht lange nach seiner Beantwortung der vierzig Fragen an die Niederschrift eines seiner kleineren Traktate, nämlich des *Gründlichen Berichts von dem irdischen Mysterio und dann von dem himmlischen Mysterio* begeben hat, sehr wahrscheinlich hat er es im unmittelbaren Anschluss getan. Der deutlichste Hinweis darauf ist dem Text selber zu entnehmen, wo es im Zusammenhang einer Erläuterung zum Wesen von Feuer und Licht heißt: »wie vorne in den Fragen gemeldet worden«.[40] Außerdem fällt auf, dass einige der Begriffe, die in der »Philosophischen Ku-

Herz ist Jakob Böhmes Element« nicht ein Porträt zum Gegenstand hat, sondern ebendiese Zeichnung der »Philosophischen Kugel« (Vgl. Rusterholz [2021]).

38 Ebd., S. 31 (Fr. 1, Abs. 105).

39 Ebd., S. 32 (Fr. 1, Abs. 110).

40 Böhme: *Ein gründlicher Bericht von dem irdischen Mysterio*, S. 9.

Die Philosophische Kugel oder das Wunder-Auge der Ewigkeit.

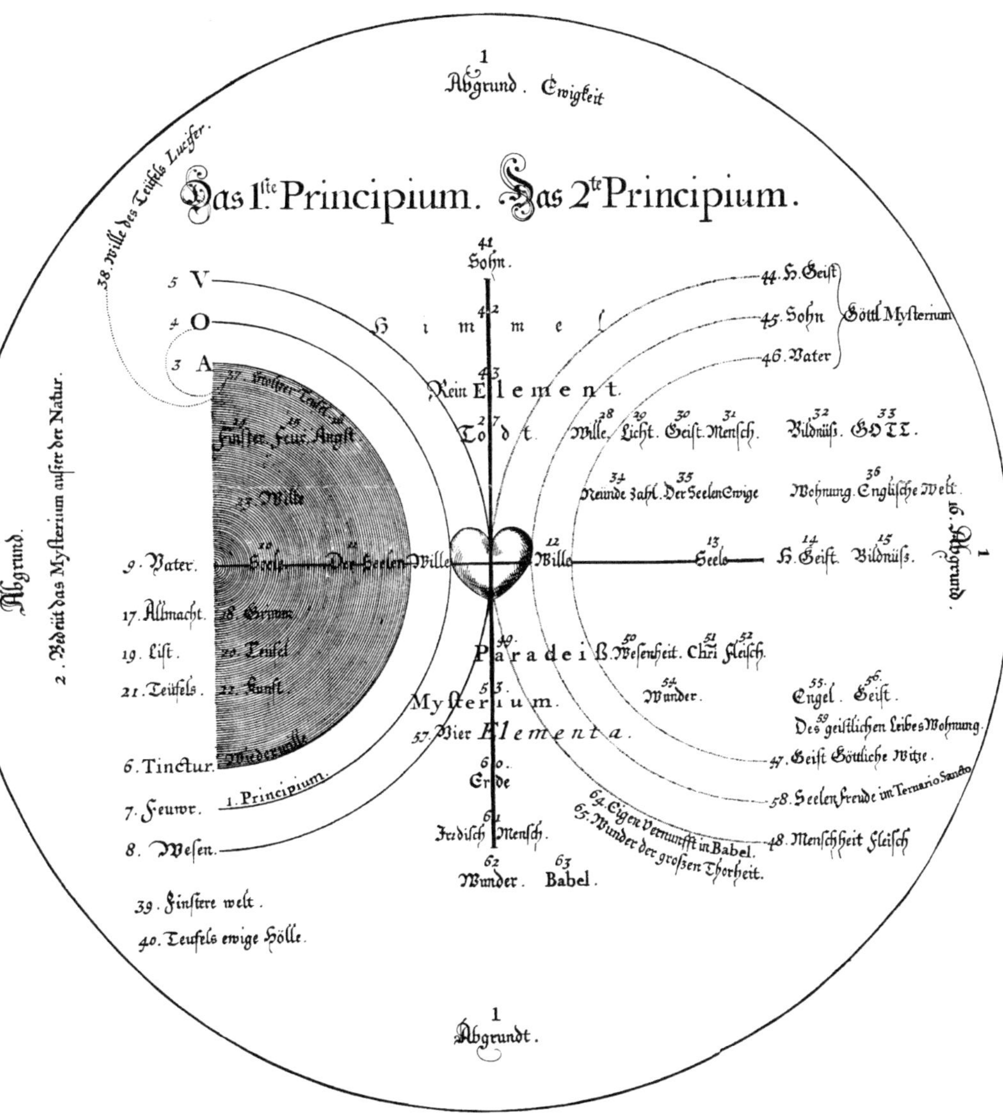

Böhme: *Vierzig Fragen von der Seele* (P III), zwischen S. 30 und 31

gel« von Böhme zusammengetragen sind, die aber im zugehörigen Text weitgehend unbeachtet blieben, im nachfolgenden Traktat dann offenbar sein besonderes Interesse auf sich ziehen. So hat es den Anschein, dass der kurze Text zumindest auch als eine Art Nachtrag oder Ergänzung, vielleicht ja auch als das Ergebnis eines Überdenkens und im Zusammenhang damit als eine Verschiebung von Akzenten, als eine neue Gewichtung konzipiert wurde. Denn zu den Begriffen, denen nun eine erheblich größere Aufmerksamkeit geschenkt wird, zählt auch, und er an vorderster Stelle, der Ungrund. Er ist es, mit dem Böhme seine kleine Schrift eröffnet; der erste der insgesamt neun Texte, aus denen sie sich zusammensetzt, ist ausschließlich ihm und der aus ihm hervorgehenden allerersten Entwicklung gewidmet. Dieser Text lautet:

> Der Ungrund ist ein ewig Nichts / und machet aber einen ewigen Anfang / als eine Sucht / denn das Nichts ist eine Sucht nach etwas / und da doch auch nichts ist / das etwas gebe / sondern die Sucht ist selber das Geben dessen / das doch auch ein Nichts ist / als bloß eine begehrende Sucht / und das ist der ewige Urstand der Magia welche in sich machet da nichts ist / sie machet aus nichts etwas / und das nur in sich selber / und da doch dieselbe Sucht auch ein Nichts ist / als nur bloß ein Willen / Er hat nichts und ist auch nichts / das ihme etwas gebe / und hat auch keine Stätte / da er sich finde oder hinlege.[41]

Während der Abgrund bei seiner einzigen Nennung im gesamten Traktat, nämlich später im sechsten Text, in einer eher unerfindlichen Umgebung einen Platz zugewiesen bekommt, so dass man von ihm letztlich nicht einmal zu sagen weiß, ob er hier eher entsprechend seiner anfänglichen Verwendung in der *Morgen Röte* oder der späteren in den *Vierzig Fragen* zu verstehen ist,[42] ergibt sich ein vergleichbares Problem bei Böhmes Einführung des Begriffs Ungrund nicht. Gleich auf dessen erste Nennung folgt eine präzise inhaltliche Bestimmung, an deren eminenter Bedeutung kein Zweifel bleibt: »Der Ungrund ist ein ewig Nichts«, worauf indes das Besondere, das – mehr noch

41 Ebd., S. 3 f.

42 »und also und daher urständet alle Gewalt dieser Welt / dass je eines über das ander herrschet / und ist nicht im Anfange vom höchsten Gut geboten oder geordnet worden / sondern ist aus der Turba gewachsen / da es hernach die Natur für ihr Wesen erkannt hat / welches aus ihr geboren ist worden / und hat deme Gesetze gegeben sich also im gefasseten Regimente weiter zu gebären / da denn diese Geburt also ist gestiegen bis zur königlichen Regall / und fürter also den Abgrund gesuchet / als eines / bis es ist MONARCHIA worden / als Kaisertumb / und da es noch im Steigen ist / und will eines sein / und nicht viel / und obs in viel ist / so will doch der erste Quall / von deme alles ist erboren / über alles herrschen / und will alleine ein Herr sein über alle Regimente« (ebd., S. 12 f.).

eigentlich – Ungeheuerliche erst noch folgt: »und machet aber einen ewigen Anfang / als eine Sucht«. Böhme packt in die ersten Syntagmen seines Textes so zugleich, und das mittels einer Entgegensetzung, die ihresgleichen in den vorausgehenden Schriften nirgends hat, die ganze Schwierigkeit der Thematik, die ja im Grunde eine absolute Unbegreiflichkeit ist. Vorstellen kann man sich nicht, wovon hier die Rede ist, zumal Böhme auf jeden Versuch einer Erläuterung des Wie dieses Beginns vollkommen verzichtet; es kann nur darum zu tun sein, die Paradoxie, dass ein ewiges Nichts etwas macht, als solche hinzunehmen.

Von dieser, im *Gründlichen Bericht* also gar nicht mehr beiläufigen Art und Weise, die den ersten Auftritt des Ungrunds kennzeichnet, sind dann im weiteren Verlauf der Darstellung zu einem Gutteil auch die restlichen drei, die sich im Übrigen auch, so wie der erste unmittelbar zu Beginn des Traktats, an vergleichbar exponierten Stellen, nämlich alle drei am Ende eines Textes oder zumindest eines Absatzes befinden. So lautet die Schlusssequenz des dritten Textes: Wir

> erkennen also den ewigen Willengeist für Gott / und das regende Leben der Sucht für Natur / denn es ist nichts ehers / und ist beides ohne Anfang / und ist je eines eine Ursachen des andern / und ein ewig Band / und also ist der Willengeist / ein ewig Wissen des Ungrundes / und das Leben der Sucht ein ewig Wesen des Willens.[43]

Ein ganz ähnliches Bild im Hinblick auf die Einbeziehung des Ungrunds bildet die Textpassage, in der er zum dritten Mal genannt wird. Im vierten der Texte steht er dort, zumindest in der Abschrift des Michael Ender, die in der kritischen Edition als Leithandschrift gewählt wurde, am Ende des ersten von insgesamt zwei Absätzen:

> dann der Willen nimbt jetzt da nichts ist / er ist ein Herr / und besitzet / und ist selber kein Wesen / und herrschet doch in dem Wesen / und das Wesen macht ihn begehrend als nämlich des Wesens / und so er denn in sich begehrende wird / so ist er magisch und schwängert sich selber als mit Geist ohne Wesen / denn er ist im Urstande nur Geist / also machet er in seiner Imagination nur Geist / und wird des Geistes schwanger / als der ewigen Wissenheit des Ungrundes in Allmacht des Lebens ohne Wesen.[44]

Und während so die dritte Verwendung des Begriffs mit der zweiten korrespondiert, scheint sich die vierte und letzte wiederum ebenso deutlich zurück auf die erste zu beziehen. Denn bevor sich Böhme im fünften Text vornehm-

43 Ebd., S. 5.
44 Ebd., S. 6.

lich dem Nebeneinander der aus dem anfänglichen Nichts hervorgehenden zwei Prinzipien zuwendet, beschließt er den vierten Text, indem er den »Ungrund« dort das letzte Wort sein lässt, mit einer an die Emphase des Eingangssatzes heranreichenden nachdrücklichen Akzentuierung. »Der Ungrund ist ein ewig Nichts« … »denn es ist der Ungrund«. In der von diesen beiden Aussagen abgesteckten Umgrenzung, also gleichsam eingespannt zwischen Anfang und Ende, spürt Böhme vier Texte lang demjenigen nach, was aus dem Ungrund als erstes wird oder, in seiner eigenen Formulierung, was vom Ungrund als ein »Anfang« ge»machet« wird. Das Ende des vierten Textes lautet im Zusammenhang:

> und also erkennen wir / was Gott und Natur ist / wie es alles beides von Ewigkeit ohne einigen Grund und Anfang ist / denn es ist ein immer ewig währender Anfang / es anfanget sich immer und von Ewigkeit in Ewigkeit / da keine Zahl ist / denn es ist der Ungrund.[45]

Der Basler Tauler-Druck

Nun ist freilich nicht anzunehmen, dass Böhme all dies, die Spekulationen zum theogonischen Prozess, die Bildung oder die Auswahl der ihm dafür geeignet erscheinenden Terminologie und die inhaltlichen und begrifflichen Modifikationen im Verlauf seiner gedanklichen und Schreibtätigkeit allein aus sich selber geschöpft haben sollte; anzunehmen ist vielmehr, dass all dies in dauernder Abwechslung mit intensiver Lektüre geschah, wobei die Anteile an Zeit, die jeweils dem einen und anderen zur Verfügung gestellt wurden, in verschiedenen Phasen sehr unterschiedlich gewesen sein dürften. Die Zeit des erzwungenen Schreibverzichts in den Jahren zwischen 1613 und 1618 nutzte Böhme gewiss zu reichlichem Lesen, worauf vor allem die augenfälligen Differenzen zwischen der *Morgen Röte* und den auf sie folgenden Schriften hindeuten; in der sich anschließenden Zeit wird die Lektüre demgegenüber mehr begleitend gewesen sein, möglicherweise reduzierte sie sich darauf, dass Böhme bereits Gelesenes nachschlug und sich in Bezug auf die aktuelle eigene Arbeit noch einmal vergegenwärtigte. Eine ungeklärte und letztlich wohl auch nie zu klärende Frage ist nach wie vor die, um welche Texte es sich dabei im Einzelnen handelte.

Was speziell die hier im Zentrum des Interesses stehenden Spekulationen zu einem Gott außer der Natur anlangt, so spricht vieles dafür, dass sich

45 Ebd., S. 8.

Böhme wesentliche Anregungen dazu aus den Schriften der mittelalterlichen Mystiker holte. Möglich war das für ihn durchaus; gedruckte Sammlungen lagen bereits seit mehr als einem Jahrhundert vor. Eine erste Ausgabe mit 84, zum allergrößten Teil von dem Straßburger Dominikanermönch Johannes Tauler sowie einigen von Meister Eckhart stammenden Predigten war 1498 in Leipzig erschienen, eine »inhaltlich« mit diesem Druck »übereinstimmende« Ausgabe 1508 in Augsburg.[46] Derjenige Sammelband indes, der die größte Verbreitung erfahren und von daher auch die größte Nachwirkung entfalten sollte, wurde 1521 in Basel von Adam Petri gedruckt und ist seither unter dem Namen Basler Tauler-Druck bekannt. Seinen Grundstock bildeten wieder die bereits in der Leipziger und Augsburger Ausgabe abgedruckten Tauler-Predigten »mit den wenigen untermischten [aber nicht als solche ausgewiesenen] Eckhart-Predigten«.[47] Hinzu kamen vierzig neue Textstücke, die in einer Vorbemerkung anderen »fast gelerte[n] andechtige[n] vätter[n]«[48] zugeordnet werden, als einziger namentlich genannt unter ihnen Meister Eckhart. Die Edition war so begehrt und schnell vergriffen, dass sie »bereits im nächsten Jahr eine identische Neuauflage, Basel 1522 [erlebte]. Schon im Jahr darauf, 1523, folgte in Halberstadt eine niedersächsische Übertragung der Basler Tauler-Ausgabe.«[49]

Geht man davon aus, dass Böhme eine dieser Textsammlungen, und das insbesondere in der Zeit zwischen 1618 und 1620, tatsächlich zur Hand hatte – was könnte er dann für seine (aufkeimende) Idee eines ungründlichen Gottes oder eines göttlichen Ungrunds daraus übernommen haben? Die beiden Begriffe selber wären für ihn in der Sammlung nicht zu entdecken gewesen, »Ungrund« und »ungründlich« zählen nicht zur Terminologie der mittelalterlichen Predigten. Wie aber verhält es sich in ihnen überhaupt mit Komposita zum Lexem »grund«? Schaut man die Texte auf diese Frage hin durch, dann zeichnet sich folgendes ab: Wörter mit »grund« sind im Zusammenhang von Taulers Gottesvorstellung ein wesentlicher Bestandteil seiner Begrifflichkeit, und besonders gehäuft treten vor allem zwei von ihnen auf: das Adjektiv »grundlos« und das Nomen »Abgrund«. Aus den vielen möglichen Beispielen zunächst einige zum Adjektiv. So heißt es von einer von vier Arten von »sündern«[50]:

46 Gnädinger (1993), S. 413.
47 Ebd., S. 416.
48 Tauler (1522), Blatt 242^{v}.
49 Gnädinger (1993), S. 417.
50 Tauler (1522), Blatt 75^{v}.

> Vnd so sy zů dem end kummen / vnd sehent wie es vmb sy steet / vnd gestanden hat / so hebt sich denn iamer vnd not in jn / das sy offt vnd vil in zweyfel vallen / vnd vntrost / vnd werden da durch ewigenlichen verlorn / vnd das kumpt von der bitteren angst vnd not darinn sy seind / vnnd auch von der gruntlosen barmhertzigkeit gottes das ander menschen damitt gewarnet werden.[51]

Und so wie hier, wo die »*gruntlose*[ ] barmhertzigkeit gottes« mit Böhme wohl ebenso gut eine »ungründliche« genannt werden könnte, ist die Grundlosigkeit noch einige weitere Male ein Gottesattribut.[52] Doch erscheint sie des Öfteren auch als ein dem Menschen gestecktes Ziel, durch das es ihm möglich wird, sich dem grundlosen Göttlichen anzugleichen. In diesem Sinne gilt in einer der Predigten (zu einer Perikope aus dem Galaterbrief: »Mit christo bin ich angehefft an das creütz [...]«)[53] der Schächer am Kreuz mit seinem »starcken glauben«[54] als Vorbild:

> Die tieffe diß creütz ist gruntlose demütigkeit / vnd sich nit achten für ander menschen / sunder eignen gebrechen allweg ansehen / als dieser schächer thet / der sich erkant billich leiden das er leid.[55]

Und auch in Kombination mit dem anderen der beiden bei Tauler häufiger begegnenden »gründe«, also mit »Abgrund«, findet sich das Attribut »grundlos« an mehreren Stellen der Sammlung, und insofern in einer, wie man meinen könnte, tautologischen Zusammenstellung, eher aber wohl in einer emphatischen Qualifizierung des Abgrunds.[56] Über dessen Herkunft in seinen Texten klärt Tauler in einer seiner Predigten zum Fest der Geburt Johannes des Täufers selber auf: »Vnd in diß abgrunt gehört allein das götlich abgrundt / von dem geschriben stat / Abyssus abyssum invocat«,[57] ein Vers, zitiert nach dem Text der Vulgata aus dem Buch der Psalmen (41 bzw. 42,8), den Louise Gnädinger übersetzt mit: »Der Abgrund ruft dem Abgrund, oder: Der Abgrund ruft den Abgrund«.[58] So sind es also gleich zwei und überdies noch miteinander kommunizierende Abgründe, die der biblische Text evoziert, ein Bild, das Tauler aus der Vorlage übernimmt, wobei, so seine Auslegung des Verses, dem

51 Ebd., Blatt 76r.
52 So ebd., Blatt 222v: »Also wirt die seel geeiniget in gottes weyßheit / in rechter einfaltigkeit / vnd kommet damit in die wilden grundlosen gotheit«, oder auch Blatt 131v.
53 Ebd., Blatt 216v.
54 Ebd., Blatt 217v.
55 Ebd.
56 Vom grundlosen Abgrund ist die Rede ebd., Blatt 114v, 127v und 140r.
57 Ebd., Blatt 140r.
58 Gnädinger (1993), S. 182.

einen »göttlichen Abgrund […] ein Abgrund im Menschen«[59] entspricht. Und Gnädinger führt dazu weiter aus: »Über diesen Grund *(grunt)* oder mehr noch Abgrund *(abgrunt)* in Gott wie im Menschen macht Johannes Tauler in zahlreichen Predigten vielerlei Aussagen, die wohl im großen und ganzen zur Deckung zu bringen sind, im jeweiligen bestimmten Kontext jedoch zumeist von bereichernden, den metaphorischen Gehalt anreichernden Konnotationen begleitet sind.«[60] Die Basis für sie alle bildet indes wohl folgende Vorstellung: »Im eigenen, als tief innerlich liegend empfundenen Abgrund stößt der Mensch, hat er sich den Weg dorthin einmal frei gemacht, auf den göttlichen Abgrund. Beide Abgründe, der menschliche und der göttliche, rufen einander zu und herbei, und in dem dynamisch wogenden Hin-und Her-Rufen führt und leitet der göttliche Abgrund den menschlichen in sich hinein in den Umschwung der Gottheit.«[61] Oder in Taulers eigenen Worten:

> Vnd also versinckt das geschaffen nicht in das vngeschaffen nicht / das ist / das man nicht versteen oder geworten mag. Hie würdt das wort war / das in dem psalter steet / vnd das der prophet spricht. (Abyssus abyssum invocat) Das abgrund ynleytet das abgrundt. Das abgrund das geschaffen ist / das ynleytet in sich das vngeschaffen abgrundt / vnd werden die zwey abgrundt ein eynig ein / ein lauter götlich wesen / vnnd daha hatt sich der geist verlorn in dem geist gottes / in dem grundlosen mer ist er ertruncken.[62]

Der Abgrund, das ist für Tauler, soweit er mit ihm den »götlich vätterlich abgrundt«[63] meint, ein »Seligkeits- und Glücksabgrund«, der »den menschlichen beständig an[zieht]«.[64] Er ist insofern nichts von dem, was für gewöhnlich mit dem Begriff assoziiert wird; er ist kein Sinnbild für die Gefahr, den Halt zu verlieren und abzustürzen, und er ist noch weniger, nämlich das genaue Gegenteil, von einem Abgrund, der, wie in Off. 11,7 als der Ort, aus

59 Ebd., S. 183.
60 Ebd.
61 Ebd., S. 241 f.
62 Tauler (1522), Blatt 89^{r}. In seiner Auslegung der Psalm-Stelle berufe sich Tauler, so Alfred Doppler (1968), mehrfach auf Augustinus, den Doppler so wiedergibt: »Ein Abgrund ruft den Abgrund: wenn Tiefe Abgrund heißt, glauben wir dann, das Menschenherz sei kein Abgrund? Was nämlich ist tiefer als dieser Abgrund? Reden können die Menschen, gesehen können sie werden durch Handlungen ihrer Glieder, gehört in Worten, aber in wessen Gedanken dringt man ein, wessen Herz wird erkannt? was er innen treibt, was er innen kann, wer begreift es?« (S. 12)
63 Ebd., Blatt 112^{v}.
64 Gnädinger (1993), S. 188.

dem »das Tier heraufsteigt«, für den Höllenschlund steht.[65] Der ungeschaffene Abgrund Taulers erscheint vielmehr dem Böhmeschen Gott außer der Natur (oder eben auch dem Ungrund) verwandt, und der deutlichste Hinweis darauf, dass Böhme ihn als einen solchen in der Tauler-Ausgabe auch zur Kenntnis nahm, ist wohl in jenem bereits zitierten Textauszug aus den *Vierzig Fragen* zu sehen, in dem er gleich zweimal neben dem Begriff Ungrund zu stehen kommt, von dem er sich inhaltlich kaum unterscheiden lässt: »dann im Abgrunde ist kein Finden, dann es ist kein Ort oder Ziel, sondern nur der Ungrund«.[66] Auf die Bedeutungsveränderung, der der Begriff damit im Vergleich zu den früheren Verwendungen hier unterzogen wird, wurde bereits hingewiesen; auffällig ist jedoch zudem, dass die neue Semantik evident nicht die dominierende bleibt; in den nachfolgenden Texten kehrt Böhme meistens wieder zur ursprünglichen zurück. So gibt es den an die Taulersche Theologie erinnernden Abgrund zwar auch noch später in seinen Schriften (»Dann so das Leben von seinem Eigen=Wollen stille stehet, so stehets im Abgrund der Natur und Creatur, im ewigen Aussprechen GOttes, so spricht GOtt darinnen«),[67] doch trifft man wesentlich häufiger wieder auf den Abgrund als den »abgrund der Hellen«,[68] als der er schon aus der *Morgen Röte* bekannt ist:

> Und zum 2. erkennen wir das auch für ein Principium, das im Feuer wohnen kann, dem Feuer unergriffen, das dem Feuer seine Macht nehmen kann, und des Feuers Qual in eine sanfte Liebe verwandeln; das da Allmächtig über alles ist, das den Ver-

65 Zum Begriff des Abgrunds bei Tauler vgl. auch Sven Grosse (2007), vor allem die Seiten 202–206.

66 Böhme: *Vierzig Fragen von der Seele* (P III), S. 12 (Fr. 1, Abs. 20). Ein eindeutiger Bezug auf die Psalm-Stelle und von daher gewiss auch auf Taulers Verständnis der beiden Abgründe findet sich um die Mitte des 17. Jahrhunderts bei Angelus Silesius, der durch Abraham von Franckenberg etwa um diese Zeit auch mit Böhmes Schriften bekannt gemacht worden war. Unter der Überschrift »Ein Abgrund rufft dem andern« lautet einer seiner Zweizeiler: »Der Abgrund meines Geists rufft immer mit Geschrey/ Den Abgrund GOttes an: Sag welcher tieffer sey?« (Angelus Silesius [1984], S. 37)

67 Böhme: *Von göttlicher Beschaulichkeit* (P IV), S. 182 (Cap. 2, Abs. 19). Ähnlich in *Von der Gnaden wahl*: »Das aber einer wolte sagen / sie [die Seele] köne sich nicht in ap grunt schwingen / der redet / als einer der noch lange nichts vom geheimnis gottes verstehet / was die Seel vnd was ein Engel ist / vnd wil den zweig vom Baumen abe brechen / darinen der zweig stehet. Die Seel ist aus dem ap grunde in eine Creatur gesprochen worden / wer wil der ewigkeit ihr recht brechen / das (sich) der ewige wille der Seelen / der aus dem einigen ewigen willen ist in eine Creatur gegangen / sich mit dem selben willen der Creatur / nicht dörfte wider in seine Mutter ein schwingen / daraus Er gegangen ist« (B II, S. 146).

68 Böhme: *Morgen Röte im auffgang* (B I), S. 53.

stand hat, dem Feuer seine Wurtzel zu zerbrechen, und aus dem Feuer eine Finsterniß zu machen, und einen dürren Hunger und Durst, ohne Empfindung einiger Labung, als der Höllen Qual ist: das ist der Abgrund, da das Wesen verschmachtet ist, da der Tod seinen Stachel führet, als eine verschmachte Gift, da zwar ein essentialisch Leben innen ist, aber es feindet sich selber an, da des rechten Feuers Anzündung nicht erreichet wird, sondern nur als ein Blitz ohne Brennen erscheinet.[69]

Der böse Adam / als das schlangen Monstrum / wirt mit diser tauffe [...] genommen / vnd wirt mit Christo in seinen tott begraben / vnd in die helle / in welche Christus in seinem sterben ein fuhr / verstehet in die fünsternüs Gottes zornes / als in abgrunt der Menscheit / ein geworffen [...][70]

Der »Abgrund«, das ist »die grosse Finsterniß, da die Teufel ihr Regiment haben«,[71] der Ort, wohin man Esau nicht »verdammen«[72] sollte, das »Ende dieser Welt«, an das der Mensch durch die Einwirkung des Teufels »in der Eitelkeit im Fluche«[73] gelangte, etc. Mit den Taulerpredigten haben diese Textstellen nur noch gemein, dass auch in ihnen der Begriff Abgrund ein gewichtiger ist; inhaltliche Überschneidungen hingegen gibt es kaum.

Nun machen aber, wie schon vorausgeschickt, die Taulerpredigten nicht die komplette Textsammlung aus, für die Seiten ab Blatt 242 kündigt der Herausgeber Predigten von »vätter[n] vnd lereren« Taulers an, »[n]amlich vnd in sunders«[74] solchen von Meister Eckhart, und Böhme (immer vorausgesetzt, er hat die Texte gelesen) wird nicht entgangen sein, dass mit einer Modifizierung der Inhalte ab da auch eine der Terminologie einhergeht. So verwendet Eckhart den Begriff des Abgrunds zwar in einer ähnlichen Weise wie später sein ›Sohn und Schüler‹, aber er tut es doch auffällig seltener als dieser. Den mehr als fünfzig Nennungen in den Taulerpredigten stehen bei Eckhart, soweit ich keine übersehen habe, drei gegenüber; deren erste findet sich im Rahmen der Predigt »Ego elegi vos de mundo«:

Got der ewig vatter die füllede vnd den abgrundt aller seiner gotheit / das gebirt er hie in seynen eingebornen sun [...][75]

Die zweite in »Beati pauperes spiritu«:

69 Böhme: *Von der Menschwerdung Jesu Christi* (P IV), S. 140 (2.Th., Cap. 5, Abs. 2).
70 Böhme: *Von Christi Testamenten* (B II), S. 192.
71 Böhme: *Mysterium Magnum* (P VII), S. 43 (Cap. 8, Abs. 18).
72 Böhme: *Mysterium Magnum* (P VIII), S. 683 (Cap. 64, Abs. 2).
73 Böhme: *Mysterium Magnum* (P VII), S. 285 (Cap. 31, Abs. 34).
74 Tauler (1522), Blatt 242v.
75 Ebd., Blatt 274v.

> Vnnd were das / das ein flieg vernunfft hette / vnnd möchte vernünfftigklich sůchen dz ewig abgrundt götliches wesens vß dem sy kommen ist [...][76]

Und die dritte schließlich in »Qui audit me«:

> Wenn got sicht dz wir der eingeboren sun seind / so ist im so gähe nach vns / vnd eylet so ser / vnd thůt recht als ob im sein götlich wesen wöll zerbrechen vnd zů nicht werden an im selber / das er vns offenbar allen den abgrund seiner gotheit [...][77]

Und vielleicht ja, dass Böhme mehr als in diesen Textstellen der »Abgrund«, der so aus den vorausgehenden Predigten ihm im Wesentlichen bereits geläufig war, an anderem Ort eine andere, von Tauler her noch nicht gekannte Bestimmung des eigenschaftslosen Gottes ins Auge gesprungen ist. In der Predigt »Adolescens tibi dico surge« steht unmittelbar vor der Schlussbitte folgender Satz zu lesen:

> Nun wissent / alle vnser volkommenheit / vnd all vnser seligkeit ligt daran / das der mensch durch gang vnd übergang alle geschaffenheit / vnd alle zeitlicheit / vnd alles wesen / vnd gang in den grund der gruntloß ist.[78]

Der »grund der gruntloß« ist. Eine genauere Umschreibung für das, was Böhme später den Ungrund nennen wird, lässt sich kaum ersinnen. Und so denke ich mir den Zusammenhang zwischen seiner Ungrundkonzeption und den Tauler- und Eckhartpredigten der Basler Sammlung folgendermaßen: Böhme hat den Taulerdruck in der Zeit des erzwungenen Schreibverzichts oder kurz darauf kennengelernt oder zumindest erstmals aufmerksam studiert (dass er ihn schon zur Zeit der *Morgen Röte* gut kannte, halte ich für wenig wahrscheinlich; in dem Fall wäre er, denke ich, nicht so weit gegangen, alles bislang von ihm Gelesene pauschal als von einem »Halb totten geist«[79] erfüllt

76 Ebd., Blatt 307^{r}.

77 Ebd., Blatt 313^{r}.

78 Ebd., Blatt 268^{v}. Zu dieser Vorstellung und paradoxen Begrifflichkeit vgl. Susanne Köbele (1993): »Gott ist absolut transzendent (Nichts von allem) und muß trotzdem zugleich in allem als dessen Grund gedacht werden: Das Bild vom ›grundlosen Grund‹ (Abgrund) realisiert diese Paradoxie. *grunt* impliziert die Zuverlässigkeit eines festen Bodens und zugleich (als *abgrunt*) die Unvermeidlichkeit des Scheiterns, wenigstens die Gefährdung. Beide Aspekte überlagern und sprengen einander – der *grunt, der gruntlôs ist* ist die Pointe dieser paradoxen Zuspitzung.« (S. 188)

79 »Ich Habe viel Hoher Meister Schrifften gelesen In Hoffnung / den grund vnd die Rechte Tiffe darinnen zu finden /. Aber Ich habe nichts funden / als einen Halb totten geist / der Sich Engstet zur gesundheit / vnd kan doch vmb seiner grossen Schwacheit

abzuqualifizieren); dabei sah er sich vor allem im ersten Teil der Sammlung konfrontiert mit einer Verwendung des Begriffs Abgrund, die für ihn neu war, die ihm aber offensichtlich nicht unplausibel erschien und die er deshalb, sporadisch zumindest, in seine eigenen Texte übernahm. Nur war im Unterschied zu Tauler, der vom Abgrund immer nur in *einer* Bedeutung sprach, für Böhme der Begriff daneben noch in einer zweiten, und zwar deutlich negativen Weise konnotiert, was ihm, weil es zu Unklarheiten oder gar Missverständnissen Anlass geben konnte, möglicherweise missbehagte. Und da er auch auf einen Gebrauch des Begriffs im Sinne von Höllenabgrund nicht verzichten wollte, kam es ihm vielleicht sehr zupass, als er im Eckhart-Teil der Predigten auf die Rede vom grundlosen Grund stieß. Der Ungrund, den er daraus komprimierte, stellte vor vergleichbare Probleme nicht und traf das von Böhme Gemeinte wohl überdies genauer noch als der Abgrund, so dass er ihm in seinen nachfolgenden Schriften eindeutig den Vorzug gab.

Der Ungrund als nichts (und alles)

Die vorhin schon erwähnte und in einem kurzen Auszug zitierte Vorbemerkung, mit der Adam Petri in seiner Neuausgabe der Tauler-Predigten zu den ergänzenden, von anderen Autoren stammenden Texten hinführt, lautet im Zusammenhang in ihrem Anfangsteil so:

> Folgen hernach etlich gar subtil vnd trefflich kostlich predigen / etlicher fast gelerter andechtiger vätter vnd lereren / auß denen man achtet Doctorem Tauler etwas seins grundes genomen haben. Namlich vnd in sunders meister Eckarts (den er vnder weylen in seinen predigen meldet) der ein fürtreffenlich hochgelerter man gewesen ist / vnd in subtilikeiten natürlicher vnd götlicher künsten so hoch bericht / das vil gelerter leüt zů seinen zeitten jn nit wol verstůnden / Deßhalb seiner ler ein teyl auch in etlichen stücken vnd articklen verworffen ist / vnd noch von einfeltigen menschen gewarsamlich gelesen werden sol.[80]

Was in erster Linie eine Erklärung für die Erweiterung der Textauswahl sein möchte, ist zugleich natürlich sehr dazu angetan, auf das Nachfolgende neugierig zu machen, und es dürfte bei Böhme, sollte der den Band je in Händen gehabt haben und bei seiner Lektüre bis hierhin gekommen sein, eine solche Wirkung gewiss nicht verfehlt haben. Denn dass »ein fürtreffenlich hochge-

willen / nicht zur vol kommen krafft kommen« (Böhme: *Morgen Röte im auffgang* [B I], S. 95).

80 Tauler (1522), Blatt 242^{v}.

lerter man« von natürlichen und göttlichen Künsten so subtil und hoch zu berichten wusste, dass selbst andere Gelehrte seiner Zeit ihn nicht verstanden und seine Lehre deshalb zum Teil verworfen wurde, musste für einen wie ihn, der sich mit genau diesen Dingen auch beschäftigte, vielversprechend klingen. Und so wird er, unter der besagten Prämisse und vielleicht ja auch eingedenk der an die »einfeltigen menschen« (zu denen er sich doch selber zählte) ergangenen Warnung, den Meister Eckhart »gewarsamlich« zu lesen, sehr gespannt auf die anschließenden Textbeispiele gewesen sein, und dasjenige, das noch auf derselben Seite als erstes folgt, ist die Predigt »Vff sant Paulus bekerung« mit dem lateinischen Incipit: »Surrexit autem Saulus de terra« und der Übersetzung der Perikope ins Deutsche: »Paulus stůnd vff von der erden vnnd mit offnen augen sahe er nichts«.[81] Eckhart beginnt seine Interpretation dieses Verses aus der Apostelgeschichte (9,8) mit der Bemerkung: »Mich dunckt / das diß wörtlin vier sinn hab.« Und er fährt fort, indem er den ersten dieser vier Sinne so benennt: »do er vff stůnd von der erden / mit offnen augen sahe er nicht / vnnd das nicht was got / wann do er got sahe / das heisset er ein nicht.«[82]

Die Auslegung muss für Böhme, nimmt man an, dass er die Stelle in dafür besonders empfänglicher Zeit erstmals las (oder auch als eine in Erinnerung gebliebene sich eigens noch einmal vornahm), einerseits rechts vertraut, andererseits aber selbst in seinen Ohren geradezu ungeheuerlich geklungen haben: Gott – ein (oder das) Nichts.[83] Derart eng zusammengeführt finden sich die beiden Begriffe in seinen früheren Schriften jedenfalls nicht, später gebraucht er hin und wieder durchaus Formulierungen, die in ihrer Schärfe an Eckharts Exegese heranreichen. So schreibt er in seinem *Mysterium Magnum* (1623) etwa: »Wenn ich betrachte was GOtt ist, so sage ich: Er ist das Eine gegen der Creatur, als ein ewig Nichts«,[84] und in *Von der Geburt und Bezeichnung aller Wesen* (1622): »Ausser der Natur ist GOtt ein Mysterium, verstehet in dem Nichts, dann ausser der Natur ist das Nichts, das ist ein Auge der Ewigkeit, ein ungründlich Auge, das in nichts stehet oder siehet, dann es ist der

81 Ebd. In der von Josef Quint herausgegebenen Meister Eckehart-Ausgabe (1979) ist die Predigt als Nr. 37 auf den Seiten 328–334 zu lesen.

82 Tauler (1522), Blatt 242v.

83 Zu den Anfängen der Ineinssetzung von Gott und Nichts in der Geschichte des Christentums vgl. Alois M. Haas (1999): »Es ist Dionysius [Areopagita] gewesen, der allen Anlaß gegeben hat, Gott selber schlechterdings als ›das Nichts‹ zu bezeichnen. Er wurde in der Geschichte der christlichen Spiritualität gewissermaßen der Kronzeuge für die christliche Fassung des göttlichen Nichts.« (S. 5) Ihren »Hintergrund« habe diese Vorstellung »in den Bestimmungen Proklos' über das Eine« (S. 54).

84 Böhme: *Mysterium Magnum* (P VII), S. 5 (Cap. 1, Abs. 2).

Ungrund«.[85] So wie hier, wo der Ungrund am Ende als ein letztes, aber deshalb nicht weniger akzentuiertes Synonym gewissermaßen noch nachgereicht wird, ist insgesamt die zusätzliche oder, wie es mitunter aussieht, vermittelnde Einbindung dieses dritten Begriffs für Böhmes Verknüpfung von Gott und Nichts oft kennzeichnend: »was Willen=los ist, das ist mit dem Nichts Ein Ding, und ist ausser aller Natur, welcher Ungrund ist GOtt selber«,[86] oder, wie Böhme in einem seiner Briefe schreibt: »GOtt ist weder Natur noch Creatur, was Er in sich selber ist, weder dis noch das, weder hoch noch tief. Er ist der Ungrund und Grund aller Wesen, ein ewig Ein, da kein Grund noch Stätte ist. Er ist der Creatur in ihrem Vermögen ein Nichts, und ist doch durch alles«.[87] Meist jedoch, und das zumal in den früheren Schriften, sind es alleine Nichts und Ungrund, die von Böhme einander zugesellt und dabei gleich in eins gesetzt werden, am eindrucksvollsten gewiss, mit seinem neunmaligen »nichts« oder »Nichts« neben dem einen Ungrund, im bereits zitierten ersten Text des *Gründlichen Berichts*. Eine andere, knappere Zusammenfügung von beidem lautet: »dann im Ungrunde ist keine Offenbarung, sondern ein ewig Nichts, eine Stille ohne Wesen oder Farben, auch keine Tugend«.[88] Wenn Böhme, so wie hier, wenigstens eine Ahnung von der Eigentümlichkeit des Ungrunds vermitteln möchte, dann bedient er sich, das liegt in der Natur der Sache, fast ausschließlich negativer Bestimmungen: »keine Offenbarung« und »keine Tugend«, »ohne Wesen oder Farben«, das ewige »Nichts« als die reine Negation entspricht dem »un«, das den Begriff selber als ein Nicht-Etwas ausweist. Der Ungrund ist (vor allem) die Abwesenheit all dessen, was sich denken lässt. So stellt es sich auch in der folgenden etwas ausführlicheren Erläuterung dar:

> In der Ewigkeit, als im Ungrunde ausser der Natur, ist nichts als eine Stille ohne Wesen; es hat auch nichts, das etwas gebe, es ist eine ewige Ruhe, und keine Gleiche, ein Ungrund ohne Anfang und Ende: Es ist auch kein Ziel noch Stätte, auch kein Suchen oder Finden, oder etwas, da eine Möglichkeit wäre […][89]

Zu den eben genannten Negationen kommt damit noch eine Reihe weiterer hinzu: »ausser der Natur«, »ohne Anfang und Ende«, »kein Ziel« und keine »Stätte«, »kein Suchen oder Finden« etc. Doch gibt es daneben auch einige positive Bestimmungen (auch bei ihnen erschiene es freilich möglich,

85 Böhme: *Von der Geburt und Bezeichnung aller Wesen* (P VI), S. 18 (Cap. 3, Abs. 2).
86 Böhme: *Von göttlicher Beschaulichkeit* (P IV), S. 182 (Cap. 2, Abs. 20).
87 Böhme: *Briefe* (P IX), S. 193 (Br. 47, Abs. 34). Brief vom 11. November 1623.
88 Böhme: *Von sechs Punkten* (P IV), S. 8 (Cap. 1, Abs. 29).
89 Böhme: *Von der Menschwerdung Jesu Christi* (P IV), S. 120 f. (2. Th., Cap. 1, Abs. 8).

sie durch die »Abwesenheit von« zu ersetzen), der Ungrund ist »eine Stille«, wenn auch, wie im Zitat zuvor, eine wesenlose, eine »ewige Ruhe«, und gleich zu Beginn wird er mit der »Ewigkeit« selbst identifiziert. All diese positiven Setzungen stehen letztlich für die eine allumfassende, die Böhme in diesem Kontext aber, wie gesagt, nur zurückhaltend gebraucht, für »Gott«. Denn Gott ist das Nichts, mit dem er von Eckhart und Böhme gleichgesetzt wird, schließlich nur, insofern er zugleich auch das Alles ist, und Nichts *und* Alles ist er deshalb, weil er das *Nichts* ist von *Allem*, das aus ihm hervorgehen wird. In einer mit »Tabula oder Entwerfung« überschriebenen tabellarischen Übersicht, die Böhme in jenen Brief einfügt, aus dem vorhin schon zu »Gott«, »Ungrund« und »Nichts« zitiert wurde, stellt er in sieben Punkten zusammen, wie »GOtt ausser Natur und Creatur betrachtet [wird], was Er in sich selber ist«.[90] Punkt 1 davon ist, bevor unter Punkt 2, 3 und 4 mit »Vater«, »Sohn« und »Geist« die göttliche Dreifaltigkeit folgt (die dann unter Punkt 5 noch einmal eigens aufgeführt wird), »Ungrund, Nichts und Alles«,[91] und die Erklärung dazu lautet:

> Num 1. Ist der Ungrund, das Nichts und das Alles. Alda fähet man an und betrachtet: was GOtt ausser Natur und Creatur in sich selber sey; und dieselbe Betrachtung des verborgenen GOttes gehet bis zur Weisheit. Nr. 7. Darinnen wird verstanden wie GOtt durch Alles wohnet, und wie alles von ihme urständet; Und er selber doch dem Allen Unbegreiflich und als ein Nichts ist; und sich aber durch das Alles, Sichtbar, dazu Empfindlich, und Findlich macht.[92]

So ist der Ungrund, in anderen Worten, wohl deswegen das Alles, weil er in sich bereits alle *Möglichkeiten* enthält, die sich aus ihm heraus zu einer Wirklichkeit ewig entfalten. Aber er wäre zugleich freilich kein *absolutes* Nichts, wenn nicht auch dieser Zusammenhang für ihn noch negiert werden müsste, wie Böhme das an anderer Stelle konsequenterweise auch tut und damit die Paradoxie auf die Spitze treibt: Im Zitat aus der *Menschwerdung*, jenem, in dem er den Ungrund durch eine Reihe von Negationen zu bestimmen versuchte, fügt er nach »nichts, das etwas gebe« und »kein Ziel noch Stätte« etc. als deren letzte und bislang noch nicht eigens gewürdigte zum Schluss noch an, dass »im Ungrunde«, aus dem der Gott *in* Natur und damit das Etwas und Alles doch irgendwie einmal hervorgehen muss, nicht einmal »etwas [ist], da eine Möglichkeit [dazu] wäre«.

90 Böhme: *Briefe* (P IX), S. 194 (Br. 47, Abs. 36).
91 Ebd.
92 Ebd., S. 197.

Der Ungrund als etwas

Die Differenz zwischen dem Ungrund, der *nichts* ist, und demjenigen, in dem dann doch schon *irgendetwas* zum Leben erwacht, lässt sich in Böhmes Darstellungen bereits festmachen an seinem unterschiedlichen Gebrauch des Wörtchens »als«. Neben der Apposition, nach der dasselbe noch einmal mit Blick auf eine andere seiner Qualitäten benannt wird, so »der Ungrund, als das ewige Nichts«,[93] trifft man häufig, wie in der zitierten Erklärung zur »Tabula«, auf ein »als«, das eher einem vergleichenden »wie« entspricht: »er selber doch dem Willen Unbegreiflich und als ein Nichts«; und ähnlich zweimal in den *Sechs Punkten*: »So denn der erste Wille ein Ungrund ist, zu achten als ein ewig Nichts«;[94] »Denn es wird alles im Willen ergriffen, und ist ein Wesen, das sich im ewigen Ungrunde, in sich selber ewig urständet [...]; es ist sein Eigenes, und ist doch auch gegen der Natur als ein Nichts«.[95] Für dieses zweite »als« verwendet Böhme gerne auch das Wort »gleich«, so dass der Ungrund, ein Nichts, andererseits auch nur gleich einem Nichts ist ebenso wie er auch nur gleich einem Etwas ist in einigen von dessen verschiedenen Erscheinungsformen. Dazu zählt: Der Ungrund ist »gleich einem Leben, und ist doch kein Leben, sondern eine Figur des Lebens und des Bildes am Leben«,[96] und er ist »gleich einem verborgenem [!] Feuer, das nicht brennet, das da ist, und auch nicht ist«.[97] Vor allem aber ist er *zwei* Dingen gleich, nämlich einem Auge und einem Spiegel, die sich des Öfteren, wenn es um das dem Ungrund Gleichende geht, auch nah beieinander finden.[98] In der *Menschwerdung Jesu Christi* heißt es: »Derselbe Ungrund ist gleich einem Auge, denn er ist sein

93 Böhme: *Zweite Schrift gegen Esajas Stiefel* (P V), S. 263 (Abs. 246).

94 Böhme: *Von sechs Punkten* (P IV), S. 4 (Cap. 1, Abs. 7).

95 Ebd., S. 5f. (Cap. 1, Abs. 14).

96 Ebd., S. 4 (Cap. 1, Abs. 7).

97 Ebd., S. 5 (Cap. 1, Abs. 9).

98 In ihrem Aufsatz »Elemente der Kabbala bei Jacob Böhme« legt Sibylle Rusterholz (2007) dar, dass der Ursprung der Entsprechung von Nichts und Auge bei Böhme, für die es in der »christlich-neuplatonischen Tradition« kein Vorbild gebe, möglicherweise mit einem Bekanntwerden mit kabbalistischen Vorstellungen zusammenhängt. Denn zwar gebe es eine solche Entsprechung auch in der kabbalistischen Literatur nicht, aber aufgrund einer »Homonymie von ›Auge‹ und ›Nichts‹ im Hebräischen« (bei unterschiedlicher Schreibung) sei es durchaus denkbar, dass Böhme, vielleicht durch eine Übersetzung, vielleicht auch durch einen Hinweis seines kabbala-kundigen Freundes Balthasar Walther, den entscheidenden Anstoß erhielt (vgl. S. 27–29).

eigener Spigel«;[99] und in umgekehrter kausaler Folge und mit angefügter Erläuterung schreibt Böhme in den *Sechs Punkten*:

> Also erkennen wir den ewigen Ungrund, ausser der Natur, gleich einem Spiegel: denn er ist gleich einem Auge, das da siehet, und führet doch nichts im Sehen damit es siehet, denn das Sehen ist ohne Wesen, da es doch aus Wesen erboren wird, als aus dem essentialischen Leben.[100]

Das Auge »siehet«, und im Spiegel, der es als Ungrund ebenso ist, wird von ihm gesehen, was sich in ihm widerspiegelt. Was aber zeigt sich dort als ein Gespiegeltes? Da außer dem Ungrund nichts ist, kann auch nur er allein das von ihm gesehene Spiegelbild sein: »So erkennen wir ihn [den Ungrund] gleich einem Spiegel, darinn einer sein eigen Bildniß siehet«.[101] Doch ist dieses Bildnis natürlich, weil es eben das Nichts ist, das sich selber besieht, nichts als das Bild dieses Nichts, als solches indessen zugleich das Bild des in diesem Nichts noch verborgenen Alles. In der folgenden schon zitierten Textstelle vom Beginn der *Vierzig Fragen* wird gegen Ende immer deutlicher, dass eben hiervon die Rede ist:

> Also verstehet hiemit die Kugel der Aeternität, darinnen der Grund Himmels und Erden, und der Elementen mit dem Sternen=Rade stehet. Dann das ist eine Kugel gleich einem Auge, und ist GOttes Wunder=Auge, da von Ewigkeit ist alles Wesen darinnen gesehen worden, aber ohne Wesen, gleich als im Spigel oder im Auge: dann das Auge ist des Ungrundes Auge [...][102]

Das Alles, das das Auge sieht und das im Spiegel, gleichsam in seiner Präexistenz, geschaut werden kann, ist im Zitat genauer das »alles Wesen«, von dem aber, als einem (Noch-)Nicht-Existierenden, gesagt werden muss, dass es »ohne Wesen« ist. In der vielleicht ausführlichsten, wenn auch darum nicht weniger kryptischen Beschreibung, in der Böhme sich der Eigentümlichkeit von Auge und Spiegel (als Gleichheiten des Ungrunds) widmet, gebraucht er wohl darum auch statt Wesen den Begriff der Natur:

> Also ist uns erkentlich, daß der ewige Ungrund ausser der Natur ein Wille sey, gleich einem Auge, da die Natur darinnen verborgen lieget [...] Es ist nicht ein Geist, sondern eine Gestalt des Geistes, als der Schiemen im Spiegel, da alle Gestalt eines Geistes im Schiemen oder Spiegel ersehen wird, und ist doch nichts, daß das Auge oder

99 Böhme: *Von der Menschwerdung Jesu Christi* (P IV), S. 121 (2. Th., Cap. 1, Abs. 8).
100 Böhme: *Von sechs Punkten* (P IV), S. 4 (Cap. 1, Abs. 8).
101 Ebd., S. 4 (Cap. 1, Abs. 7).
102 Böhme: *Vierzig Fragen von der Seele* (P III), S. 11 f. (Fr. 1, Abs. 18).

> Spiegel sehe; sondern sein Sehen ist in sich selber, denn es ist nichts vor ihme, das da tiefer wäre. Es ist gleich einem Spiegel, welcher ein Behalter des Anblicks der Natur ist, und begreiffet doch nicht die Natur, und die Natur auch nicht den Schiemen des Bildes im Spiegel.[103]

Wie der Begriff des Wesens so dient auch der der Natur dazu, eine unüberschreitbare Grenze zu markieren. Außerhalb von ihr ist das Nichts, der Ungrund (oder Gott) »ausser der Natur« oder eben Auge und Spiegel, und soweit die Natur *in* diesen beiden, also außerhalb ihrer selbst, »lieget«, liegt sie für Auge und Spiegel »darinnen verborgen«. Die beiden Bereiche, Nichts und Etwas, man könnte vielleicht auch sagen, obwohl Böhme selber diese Begriffe ja nicht verwendet, Nicht-Sein und Sein, die durch den »Anblick[ ] der Natur« im »Schiemen des Bildes im Spiegel« ineinander vermischt erscheinen, sind und bleiben unabdingbar voneinander getrennt. Das eine ist dem jeweils andern ein Fremdes, keines vermag das andere, so nah sich die beiden in dem von Böhme gezeichneten Bild auch sind, zu ›begreifen‹, so wie in der realen Erfahrung zwischen einem Spiegel und dem von ihm Gespiegelten keinerlei feste Verbindung besteht. Es verhält sich mit ihnen offensichtlich so wie mit dem Ineinander von Feuer, Finsternis und Licht, von dem Böhme in anderem Kontext, aber in ähnlichen Wendungen schreibt:

> Das Licht wohnet in der Finsterniß und siehet das nicht, also auch siehet die Finsterniß das Licht nicht; und wie das Licht in seiner grossen Sanftmuth im Feuer wohnet, und nimt doch nicht des Feuers Quaal und Pein an sich, sondern bleibet alleine gut, ohne ein fühlend Leben des Feuers, und da es doch durch das Verzehren des Feuers, als durchs Sterben des Wesens urständet [...][104]

Doch zurück noch einmal zum vorausgehenden Zitat zu Auge und Spiegel, in dem es neben diesen beiden noch einen dritten, sehr deutlich als solchen herausgestellten sinnverwandten Begriff zu Ungrund gibt, einen, der hier nicht zum ersten Mal begegnet, der aber bislang noch unbeachtet blieb: Es »ist uns erkentlich, daß der ewige Ungrund ausser der Natur ein Wille sey«. Dieser Wille, ebenfalls »dünne als ein Nichts«,[105] hängt ebenfalls aufs engste mit Auge und Spiegel zusammen, ist sozusagen dasjenige, was sich als Konsequenz aus dem Vorgang des Sehens und Gesehenwerdens von Auge und Spiegel ergibt.

103 Böhme: *Von sechs Punkten* (P IV), S. 4f. (Cap. 1, Abs. 9). Zu den Begriffen Auge und Spiegel im Kontext von Böhmes Ungrundspekulationen vgl. auch Vollhardt (2009), S. 115–117, sowie, in Beziehung zu Schelling und Heidegger, Hans-Joachim Friedrich (2009), S. 130–133.

104 Böhme: *Mysterium Magnum* (P VII), S. 437 (Cap. 43, Abs. 4).

105 Böhme: *Von der Menschwerdung Jesu Christi* (P IV), S. 122 (2. Th., Cap. 2, Abs. 1).

Der Wille möchte im »Wesen« das haben oder sein, was er als bloßes »Schiemen« in sich erblickt. Er ist, kurz gesagt, der Wille zur Offenbarung, dem Böhme an den zahlreichen Stellen, wo er von ihm handelt, meist weitere verwandte und ihn genauer qualifizierende Begriffe zur Seite stellt: Sehnen, Begehren (begehrend), Begierde (begierig), Sucht (als das Suchen oder die Suche nach etwas).[106] Nachstehend eine kleine Sammlung dieser Textstellen:

> Und denn verstehen wir, wie dieser ungründlicher [!] Wille von Ewigkeit in Ewigkeit immer begehrende sey, nemlich sich zu offenbaren, sich zu ergründen, was er sey, die Wunder in ein Wesen zu führen [...][107]

> Es ist nur ein einiger Wille, der ist der Ungrund, der ist begehrend des Grundes als seiner Selbst=Offenbarung, und in derselben Begierde wird die Natur offenbar: die Begierde machet die Natur [...][108]

> [der Wille ist] begehrende, er will etwas seyn, daß er in sich offenbar sey; denn das Nichts ursachet den Willen, daß er begehrend ist [...][109]

> dasselbe Auge ist ein Wille, verstehet ein Sehnen nach der Offenbarung, das Nichts zu finden [...][110]

> Und ist dieser Spigel oder Sulphur der ewige erste Anfang, und das ewige erste Ende, und gleichet sich allenthalben einem Auge, da der Geist mit siehet, was er darinnen sey, und was er wolle eröffnen [...][111]

106 In seinen »Das Geheimnis des Anfangs« betitelten »spekulative[n] Betrachtungen im Hinblick auf Böhme« sieht Schmidt-Biggemann in der »*Willens*bestimmung Gottes [H.v.m.]« »Böhmes möglicherweise nachhaltigste Bestimmung der Gottheit« (S. 117). Diesen Schluss zieht er innerhalb eines längeren, von ihm mit Erläuterungen und Kommentaren durchsetzten Böhme-Zitats aus dem ersten Kapitel der *Gnaden wahl* zu den ungründlichen, unanfänglichen (Willens-)Bewegungen (vgl. ebd. S. 117f. sowie *Von der Gnaden wahl* [B II], S. 12–14). Und seine knappe Zusammenfassung zu diesem Punkt lautet im Anschluss: »Bestimmung dieses Ungrundes als Anfang des Willens, aber noch unqualifiziert – sozusagen der Punkt der Negation des Willens –, d.h. der Anfang, in dem man sich den ewigen Willen modal angefangen vorstellt« (ebd., S. 118). Schmidt-Biggemanns Text ist im Übrigen auch insofern lohnend zu lesen, als er Böhmes Lehre vom Ungrund sehr sachkundig zu Vorstellungen der christlichen und jüdischen Kabbala und da insbesondere zum Buch *Sohar* in Beziehung setzt (Schmidt-Biggemann [1994]).

107 Ebd., S. 126 (2.Th., Cap. 3, Abs. 3).

108 Böhme: *Erste Schrift gegen Balthasar Tilke* (P V), S. 79 (Abs. 492).

109 Böhme: *Von der Menschwerdung Jesu Christi* (P IV), S. 122f. (2.Th., Cap. 2, Abs. 1).

110 Böhme: *Von der Geburt und Bezeichnung aller Wesen* (P VI), S. 18 (Cap. 3, Abs. 2).

111 Böhme: *Von der Menschwerdung Jesu Christi* (P IV), S. 122 (2.Th., Cap. 1, Abs. 11).

Und noch eine etwas ausführlichere Darstellung des Zusammenhangs:

> So ist uns nun der Anfang aller Dinge zu betrachten, dann wir können nicht sagen, daß diese Welt sey aus Etwas gemacht worden, es ist nur blos eine Begierde aus der freyen Lust gewesen, das sich der Ungrund als das höchste Gut oder Wesen, als der ewige Wille, in der Lust schaue, als in einem Spiegel; so hat der ewige Wille die Lust gefasset, und in eine Begierde eingeführet, welche sich hat impresset, und figurlich und cörperlich gemacht, beydes zu einem Leibe und Geiste, nach derselben Impression Eigenschaft, wie sich die Impression hat in Gestaltniß eingeführet, dadurch die Möglichkeiten sind in der Impression als eine Natur entstanden.[112]

Und damit sind wir hier an jenem Punkt angelangt, an dem, auch wenn es ein Hinüberschreiten über diese Grenze eigentlich nicht geben kann, das eine ins andere umschlägt. Es ist der Punkt, an dem das Nichts zum Etwas, an dem der ungründliche Gott außer der Natur zum dreigestaltigen wird, an dem die Natur mitsamt ihren vielerlei Bewegungen und Hervorbringungen ihren Anfang nimmt, deren letzte die materielle Welt und der Mensch ist. Von Böhme wird dieses Umschlagen oft auf die kurze Formel gebracht, dass sich der »Ungrund in Grund«[113] (ein)führt oder fasst, was von der Struktur her – der Übergang geschieht im bloßen Wegfall der Negation (als des negierenden Präfixes) – der Bewegung vom Nicht-Sein zum Sein gleichkommt. Buchstäblich in dem Moment, in dem der Ungrund zu demjenigen in sich hinfindet, was er ja explizit gerade nicht ist oder hat, vollzieht sich damit jene Bewegung, die in ihrer letzten Konsequenz auch das Herausfallen der Zeit aus der Ewigkeit nach sich zieht: »Die Begierde, als das Fiat aller Wesen, urständet in dem, daß sich der unwandelbare GOtt, als der Ungrund, einsts in der ewigen Lust beweget hat, alda denn die Zeit angefangen.«[114]

112 Böhme: *Von der Geburt und Bezeichnung aller Wesen* (P VI), S. 195 (Cap. 14, Abs. 7).

113 So in den *Vierzig Fragen von der Seele* (P III), S. 32 (Fr. 1, Abs. 110).

114 Böhme: *Zweite Schrift gegen Esajas Stiefel* (P V), S. 212 (Abs. 38). Die Frage nach dem Wie des ›Übergangs‹ oder ›Umschlags‹ vom einen ins andere, dieses ›Moments‹, den Böhme im Zitat mit »einsts« bestimmt, stellt sich unwillkürlich beim Lesen und fordert deshalb – und das natürlich auch innerhalb der Forschung – zu Versuchen einer Erklärung oder eines Verständnisses heraus. Doch kann das Ergebnis immer nur lauten, dass die Frage nicht nur unbeantwortbar, sondern auch inhaltsleer ist: »Wie jedoch denkt Böhme diese ursprüngliche Selbstwerdung des Näheren? […] Der ungründliche Wille gebiert sich die Stätte, in der er gefasst und gegründet ist, wobei diese Stätte ewig schon das zu ›besitzen‹ scheint, wodurch sie geboren ist: den ungründlichen Willen. Somit soll zum Ausdruck gelangen, was kaum zum Ausdruck gelangen kann: dass die von Böhme beschriebene Entwicklung wiederum gar keine Entwicklung ist, dass der ›An-

Nicht nachsinnen, es turbieret uns

Dass ein solcher Prozess, wie Böhme ihn im Rahmen seines theogonisch-kosmogonischen Modells als die Bewegung oder Entwicklung vom Nichts oder Ungrund hin zum Etwas oder Grund beschreibt, über das, was man zu begreifen vermag, hinausgehen muss, hat am überzeugendsten gewiss Immanuel Kant in seiner *Kritik der reinen Vernunft* vor Augen geführt. Gegenstand der Reflexion sind dort im Kapitel über die »Antinomie der reinen Vernunft« die, wie er sie nennt, »transzendentalen Behauptungen, welche selbst über das Feld aller möglichen Erfahrungen hinaus sich erweiternde Einsichten anmaßen«.[115] Zu ihnen stellt er vorab die These auf, dass sie, »die in der Erfahrung weder Bestätigung hoffen, noch Widerlegung fürchten dürfen«, zwar »an sich selbst ohne Widerspruch« sind und »sogar in der Natur der Vernunft Bedingungen« ihrer »Notwendigkeit« antreffen, »nur daß unglücklicherweise der Gegensatz ebenso gültige und notwendige Gründe der Behauptung auf seiner Seite hat«.[116] Anhand einer Betrachtung von insgesamt vier Behauptungen und ihrer jeweiligen Gegensätze geht es dann im weiteren Verlauf des Kapitels um den Erweis dieser These, wobei sich zeigt, dass jede dieser Behauptungen »notwendige und gültige Gründe« mehr noch eigentlich *gegen* sich hat, so dass letztlich in allen vier Fällen nicht je zwei alternative Möglichkeiten, sondern keine von beiden als eine denkbare übrigbleibt. Speziell mit der Frage des absoluten Anfangs befasst sich dabei vor allem die dritte dieser »Antinomien« oder »Widerstreite«. Hier lautet die

Thesis

> Die Kausalität nach Gesetzen der Natur ist nicht die einzige, aus welcher die Erscheinungen der Welt insgesamt abgeleitet werden können. Es ist noch eine Kausalität durch Freiheit zur Erklärung derselben anzunehmen notwendig.[117]

fang‹ Gottes nichts anderes als Gott selbst ist, dass sozusagen nichts ›synthetisch‹ hinzukommt, sondern dass im Gottesbegriff, in der ›Stätte‹ des ungründlichen Willens, diese Verursachung ewig impliziert und gesetzt ist. Deshalb spricht Böhme auch explizit vom ›immer ewigwährenden Anfang‹. Es scheint demnach wenig Sinn zu haben, der Frage nachzugehen, wo der Übergang von ›Ungrund‹ und ›Wille‹ liegt, wie beides überhaupt vereinbar sein kann, weil diese Frage in einen unlösbaren Zusammenhang Zäsuren und Trennungen einführt, die nach Böhme nicht statthaft sind. Ausser dem ›Grund‹ gibt es keine Begründung für den Übergang aus dem Ungrund.« (Donata Schoeller Reisch [1999], S. 214 f.)

115 Kant (1956), S. 452.

116 Ebd., S. 449.

117 Ebd., S. 462.

und die

Antithesis

> Es ist keine Freiheit, sondern alles in der Welt geschieht lediglich nach Gesetzen der Natur.[118]

Kants Einwand gegen die Antithesis lautet: Wenn »alles nach bloßen Gesetzen der Natur geschieht, so gibt es jederzeit nur einen subalternen, niemals aber einen ersten Anfang, und also überhaupt keine Vollständigkeit der Reihe auf der Seite der voneinander abstammenden Ursachen […] Diesem nach muß eine Kausalität angenommen werden, durch welche etwas geschieht, ohne daß die Ursache davon noch weiter, durch eine andere vorhergehende Ursache, nach notwendigen Gesetzen bestimmt sei«.[119] Doch spricht wiederum gegen die so neuformulierte Thesis, dass »ein dynamisch erster Anfang der Handlung einen Zustand [voraussetzt], der mit dem vorhergehenden eben derselben Ursache gar keinen Zusammenhang der Kausalität hat, d. i. auf keine Weise daraus erfolgt.« Dergleichen aber wäre, weil es »in keiner Erfahrung angetroffen wird, mithin ein leeres Gedankending«.[120]

Das hier dargestellte Problem, die notwendige Annahme und gleichzeitig Undenkbarkeit eines ersten Anfangs, ist, das wird man voraussetzen dürfen, auch Böhme bewusst gewesen. In seinen Schriften umgeht er es zum einen gewissermaßen dadurch, dass er statt von einem ersten Anfang immer von einem ewigen spricht:

> und also erkennen wir / was Gott und Natur ist / wie es alles beides von Ewigkeit ohne einigen Grund und Anfang ist / denn es ist ein immer ewig währender Anfang / es anfanget sich immer und von Ewigkeit in Ewigkeit / da keine Zahl ist / denn es ist der Ungrund.[121]

Auch das, wovon hier in Böhmes Text die Rede ist, kann »in keiner Erfahrung angetroffen« werden, und es ist Böhme sicher nicht zu unterstellen, dass er etwas derartiges behaupten wollte; im Gegenteil, die Weise, in der er von demjenigen spricht, was wir »also erkennen«, soll offensichtlich darauf hindeuten, dass es sich bei dieser Erkenntnis um etwas unserer Erfahrung völlig Entgegengesetztes handelt. So sind es, wohl auch deshalb, um hieran keinen Zweifel zu lassen, vor allem ausgesprochen widersinnig erscheinende Formu-

118 Ebd., S. 462*.
119 Ebd., S. 462 f.
120 Ebd., S. 462* f.
121 Böhme: *Ein gründlicher Bericht von dem irdischen Mysterio*, S. 8.

lierungen, die er gebraucht, wenn es um Anfang und Ende in Bezug auf das aus dem Ungrund sich Herausentwickelnde geht:

> Der menschliche und englische Wille ist mit der Bewegung des Ungrundes (als sich die Gottheit in seiner Beschaulichkeit und Findlichkeit hat eines beweget, und mit der Bewegung in einen Anfang der Geister eingeführet) aus demselben Anfang entstanden, so gehet nun ein ieder Anfang in sein Ende; und das Ende ist das, das vorm Anfange war: Alda ist die Proba des Anfanges, worein sich der Anfang hat eingeführet [...][122]

Das »Ende ... das vorm Anfange war« – das mag eine adäquate Beschreibung der Wirklichkeit sein – besser als mit einer solchen Aussage lässt sich aber auch kaum deutlich machen, dass es hier um Sachverhalte geht, denen mit dem gewöhnlichen Menschenverstand nicht beizukommen ist. Und darum, so lautet Böhmes dringende Empfehlung an die Leserschaft, sollte auch niemand den Versuch unternehmen, diese »Bewegung« des »Ungrundes« verstehen zu wollen:

> Derselbe Ungrund ist gleich einem Auge, denn er ist sein eigener Spigel, er hat kein Wesen (Weben), auch weder Licht noch Finsterniß, und ist vornemlich eine Magia, und hat einen Willen, nach welchem wir nicht trachten noch forschen sollen, denn es turbiret uns. Mit demselben Willen verstehen wir den Grund der Gottheit, welcher keines Ursprungs ist, denn er fasset sich selber in sich, daran wir billig stumm sind; denn er ist ausser der Natur.[123]

Die Warnung spricht Böhme wenig später in derselben Schrift noch einmal aus, wobei er sich auch dort wieder in den Kreis derer, die ihre Beschränktheit einsehen und akzeptieren sollten, selbst miteinschließt:

> Also verstehet uns recht, der Ungrund hat kein Leben, aber also in solcher Eigenschaft, wird das grosse ewige Leben erboren: Der Ungrund hat keine Beweglichkeit oder Fühlen; und also erbieret sich die Beweglichkeit und Fühlung, und also findet sich das Nichts im ewigen Willen, dessen Grund wir nicht wissen, auch nicht forschen sollen, denn es turbiret uns.[124]

Und in Böhmes zweiter sogenannter Anti-Stiefel-Schrift mündet eine seiner Gegenreden, die von einer Auslegung eines Jesaja-Verses ausgeht – »HErr Ze-

122 Böhme: *Mysterium Magnum* (P VII), S. 209 (Cap. 26, Abs. 57).
123 Böhme: *Von der Menschwerdung Jesu Christi* (P IV), S. 121 (2.Th., Cap. 1, Abs. 8).
124 Ebd., S. 135 (2. Th., Cap. 4, Abs. 9).

baoth ist sein Name« –,[125] auch wieder in eine Reflexion der menschlichen Möglichkeiten und Grenzen angesichts der »Tieffe der Gottheit«. Und das gelte nicht allein für das menschliche Denken, sondern auch für den Versuch, das eben noch Verstehbare in Worte zu bringen:

> Dieser gantze Name in einem einigen Wesen offenbaret sich durch die Weisheit, und heisset HErr Zebaoth, darzu wir keine andere Sprache haben auszusprechen: Allein der Geist GOttes im Menschen in seinem Principio, welcher die Tieffe der Gottheit forschet, der verstehet es in sich; wir aber lallen allein kindisch daran, so viel der äussern Zungen zu erheben möglich ist: und befehlen dieses alhier ieder Seelen in ihrem Begriff: denn alhie ist kein Anfang noch Ende, weder Ort noch Ziel; sondern die Offenbarung des Ungrundes in Grund.[126]

»Ungrund« oder »Urgrund«

»Das Wesen des Grundes, wie das des Existierenden, kann nur das *vor* allem Grunde Vorhergehende sein, also das schlechthin betrachtete Absolute, der Ungrund.«[127] Dieser Satz stammt nicht aus Böhmes Feder, er steht in Schellings *Philosophischen Untersuchungen über das Wesen der menschlichen Freiheit* aus dem Jahr 1809, wo der Begriff des Ungrunds mehrere Male begegnet, und das offensichtlich weitgehend, wie im vorangestellten Zitat, in der Bedeutung, in der man ihn von Böhme her kennt. Der Ungrund ist ähnlich auch bei Schelling dasjenige, was »allen Gegensätzen vorhergeht«,[128] was im nachfolgenden Text genauer so erläutert wird, dass er sich diesen Gegensätzen gegenüber »als totale Indifferenz«[129] verhält, dass er »nichts anderes ist als eben das Nichtsein derselben«.[130] Mit Böhmes Ungrund in eins zu setzen ist er deshalb aber keineswegs, eher wäre er als ein mitunter engerer, mitunter etwas fernerer Verwandter anzusprechen. Das ist spätestens dann zu merken, wenn Schelling ihn ganz unmittelbar mit dem Begriff der Liebe in Verbindung bringt:

> […] über dem Geist ist der anfängliche Ungrund, der nicht mehr Indifferenz (Gleichgültigkeit) ist, und doch nicht Identität beider Prinzipien, sondern die all-

125 Böhme: *Zweite Schrift gegen Esajas Stiefel* (P V), S. 263, Abs. 245. Die Jesaja-Stelle ist Cap. 54, V. 5.
126 Ebd., S. 264f., Abs. 254.
127 Schelling (2011), S. 79.
128 Ebd., S. 78.
129 Ebd., S. 79.
130 Ebd., S. 78.

gemeine, gegen alles gleiche und doch von nichts ergriffene Einheit, das von allem freie und doch alles durchwirkende Wohltun, mit Einem Wort, die Liebe, die Alles in Allem ist.[131]

Doch kann es trotz dieser und anderer Differenzen, die sich zwischen Schellings und Böhmes Ungrund ausmachen lassen, als unstrittig gelten, dass der eine den Begriff vom anderen übernommen hat; so urteilt jedenfalls auch Thomas Buchheim im Kommentar zu seiner Ausgabe der Freiheitsschrift: »Zweifellos stammt der Terminus »Ungrund« von Jakob Böhme [...], der ihn sehr häufig und durchaus mit dieser begrifflichen Intention (um Gott in sich selbst *vor* aller Offenbarkeit für uns zu bezeichnen) gebraucht.«[132] Unter dieser Prämisse ist nun allerdings die Weise bemerkenswert, in der Schelling den Begriff in seine Schrift einführt. Auf seine Ankündigung: »Wir treffen hier endlich auf den höchsten Punkt der ganzen Untersuchung«[133] folgt zunächst ähnlich, wie wir es schon kennen: »es muß *vor* allem Grund und vor allem Existierenden, also überhaupt vor aller Dualität, ein Wesen sein«, und daraufhin dann die Frage: »wie können wir es anders nennen als den Urgrund oder vielmehr *Ungrund*?«[134]

»Urgrund« oder »Ungrund«. Schelling wählt für etwas, das er bezeichnen möchte, einen bestimmten Begriff und verwirft diesen sogleich wieder als nicht adäquat, oder auch, er stellt fest, dass ein ähnlich lautender anderer präziser das zu benennen vermag, was mit ihm gemeint sein soll, so dass dieser zweite fortan als einziger noch im Text verwendet wird. Einen gewissen Spielraum in der Beurteilung dieser von Schelling getroffenen Wahl lässt dabei das Verbindende und gleichzeitig Trennende »oder vielmehr« zwischen beidem. Ist damit gemeint, dass »Ungrund« nur eine *bessere* Lösung ist und somit auch »Urgrund« als eine zumindest akzeptable Möglichkeit in Betracht kommt? Oder ist es so zu verstehen, dass dieses »Wesen« »Ungrund« tatsächlich heißen *muss* (»wie können wir es anders nennen ...?«), weil »Urgrund« eine irrige, eine falsche Vorstellung vom Bezeichneten vermitteln würde? Denn schließ-

131 Ebd., S. 80. Bei Böhme ist die Liebe anders bereits Teil der aus dem Ungrund hervorgehenden Offenbarung und insofern deutlich von ihm getrennt, so etwa in folgendem Zitat aus dem *Mysterium Magnum*: »Ingleichem ist uns zu verstehen vom Göttlichen Wesen, wie sich der ewige Verstand des Ungrundes in Grund und Wesen einführe, als in ein ewig Gebären und Verzehren, darinnen die Offenbarung des Ungrundes stehet und ein ewiges Liebespiel, daß der Ungrund mit seinem gefaßten Grunde also mit sich selber ringe, und spiele.« (P VII, S. 24, Cap. 5, Abs. 3)

132 Schelling (2011), S. 161.

133 Ebd., S. 77.

134 Ebd., S. 78.

lich, was ganz ausdrücklich »*vor* allem Grund« ist, kann eigentlich kein *Ur*grund sein. Diese Überlegung, die für Schelling *möglicherweise* gilt, gilt für Böhme unzweifelhaft: Der *Un*grund erscheint in all seinen Darstellungen als etwas, »da *kein* Grund noch Stätte ist [H. v. m.]«,[135] von einem Urgrund dagegen ist nirgends die Rede. Da sich Schelling nun aber nicht auf Böhme und dessen Semantik des Begriffs beruft, da er Böhme nicht einmal erwähnt in seiner Abhandlung, ist seine Konzeption natürlich auch in Teilen nicht aus derjenigen Böhmes abzuleiten (oder gar mit ihr abzugleichen) und haben die von ihm gewählten Begriffe im Rahmen dieser Konzeption ihre Berechtigung allein aus sich selber. Entsprechend ist es völlig korrekt – wenn auch am besten auch hier verbunden mit einer kurzen Anmerkung –, von Schellings »Urgrund« oder »Ungrund« zu sprechen, doch steht es ebenso außer Zweifel, dass ein solches Nebeneinander, wenn es um eine Skizzierung von Böhmes Terminologie und Konzeption geht, fehl am Platz ist. Erstaunlicherweise findet sich aber gerade das – oder auch der »Urgrund« alleine – sehr häufig in Darstellungen der Böhmeschen Lehre, zwar meist nicht in solchen Forschungen, die sich mit speziellen Ausschnitten aus dieser Lehre befassen, aber in Übersichten und knappen Zusammenfassungen, wie sie etwa in Literatur- oder Philosophiegeschichten oder auch in Exkursen enthalten sind, die sich in Forschungsarbeiten zu anderen Themen befinden.[136] Dazu einige wenige Beispiele: Eugen Dühring führt in seiner *Kritische[n] Geschichte der Philosophie von ihren Anfängen bis zur Gegenwart* aus dem Jahr 1878 Schellings terminologische Doppelung auf Böhme zurück: »Es war der Böhmesche ›Urgrund oder Ungrund‹, der in Schelling unter vornehm klingenden Namen seine Auferstehung feierte.«[137] Von manch einem wird Böhme darüber hinaus gar eine inhaltliche Differenzierung zwischen den beiden Begriffen unter-

135 Böhme: *Briefe* (P IX), S. 193 (Br. 47, Abs. 34). Ähnlich Friedrich (2009) in seinen Überlegungen zum Schelling-Zitat: »Zunächst scheint es, als ob es hier wieder um einen Grund gehe, um einen ›Grund des Grundes‹ oder *Ur*-Grund, der als solcher die Dualität von Grund und Existenz in ihrem Bezug zueinander begründet. Wenn nun aber dieses Wesen *allen* Gegensätzen vorhergeht, und damit eben auch dem Gegensatz von Grund und Existenz, dann kann in ihm der Grund noch gar nicht von der Existenz unterschieden werden. Folglich kann dieses Wesen nur als ›absolute Indifferenz‹ beider Bestimmungen angesehen werden oder eben als Ungrund, d. h. als etwas, das noch ›*vor* und *über* allem Grunde‹ ist […]« (S. 19).

136 Ein Grund für diesen Lapsus mag sicher auch darin zu sehen sein, dass es mit »Urkund« und »Urstand« (vgl. die Zitate auf den Seiten 15, 20 und 24) zwei »Ur«-Begriffe in Böhmes Terminologie tatsächlich gibt, die dem Ungrund semantisch bisweilen ausgesprochen nahestehen.

137 Dühring (1878), S. 440. Ebenso Weibler (1996): »Die [von Schelling verwendeten]

stellt: »Das Verhältnis zwischen Ungrund und Urgrund wird von Böhme als ein mittelbares definiert. Was zwischen der unfassbaren Gottheit des Ungrundes und der göttlichen Offenbarung als dem Urgrund vermittelt, das ist der Wille, in ihm gibt die ›ungründige‹ Gottheit sich willentlich selbst Gestalt.«[138] Nur vom »Urgrund« ist die Rede in der 1955 publizierten Literaturgeschichte von Fritz Martini: »1612 begann er [Böhme] seine *Aurora oder Morgenröte im Aufgang*, die als Philosophie der Menschheitsgeschichte um das Gegeneinander der guten und bösen, heiligen und teuflischen Mächte ringt, deren gemeinsamen Ursprung Böhme in dem göttlichen Urgrunde selbst sah.«[139] Und Hans Joachim Störig, der ebenfalls nur vom ›Urgrund‹ Böhmes spricht (»Folgerichtig erscheint bei Böhme das gänzliche Eingehen der Seele in ihren göttlichen Urgrund als das höchste Ziel«),[140] fügt, wie zum Beleg, ein Zitat aus dem *Mysterium Magnum* an, in dem sich der Ungrund durch einen Urgrund fälschlicherweise ersetzt sieht: »also daß der Wille sich über alle Sinnlichkeit und Bildlichkeit in den ewigen Willen des Urgrundes vertiefe«.[141] Denn das Original in der Schieblerschen Böhme-Ausgabe, aus der Störig zitiert, lautet: »also daß der Wille sich über alle Sinnlichkeit und Bildlichkeit in den ewigen Willen des Ungrundes verteufe«.[142]

»Ungrund« und »Ungrund«

Während der Begriff des Urgrunds also in Böhmes Wortschatz nicht vorkommt, begegnet der des Ungrunds in gleich zweierlei Semantik, wobei er in jener anderen, bislang noch unbeachtet gelassenen, auch erst dann hin und wieder von Böhme in seine Texte eingestreut wird, nachdem er in der neu ihm verliehenen in den *Vierzig Fragen* eingeführt und im Anschluss daran

Begriffe »Ungrund« und »Urgrund« gehen auf J. Böhme zurück, dessen Theorien Schelling auch in den Schriften Oetingers wiederfinden konnte« (S. 158).

138 Sihombing (2012), S. 195. Ebenso Weigelt (1965): »Allerdings gebrauchte die Theosophie nicht die kirchlichen Termini, sondern Begriffe aus ihrer eigenen Gedankenwelt. So differenzierte Jacob *Böhme* zwischen ›*Ungrund*‹ und ›*Urgrund*‹, ›Grund‹ oder ›Natur‹ in Gott« (S. 100).

139 Martini (1955), S. 142. Ebenso Röd (1994): »Ganz im Geist des Neuplatonismus antwortete Böhme, daß der Urgrund nicht als undifferenzierte Einheit zu denken sei, sondern als Einheit, die sich in sich selbst differenziert und damit zum Prinzip der Vielheit, aber auch des Gegensatzes und somit des Bösen, werde« (S. 433).

140 Störig (1985), S. 321 f.

141 Ebd.

142 Böhme: *Mysterium Magnum*, hg. von K.W. Schiebler, S. 703.

schon bald zu einem der Zentralbegriffe seiner Schriften wurde. Diese zweite Bedeutung ist diejenige, unter der ihn Böhme bei anderen Autoren – also etwa, nach Grimm, Martin Luther und Sebastian Münster – kennengelernt haben könnte. Zu derjenigen, mit der er ihn zusätzlich ausstattete, steht sie zumindest in gewisser Hinsicht im Gegensatz. Denn während der metaphysische, der »philosophische«[143] Ungrund als das göttliche Nichts gleichzeitig das Alles ist, weil er das Alles als Möglichkeit und künftige Wirklichkeit in sich birgt, war der als Begriff im überkommenen Sprachgebrauch verfügbare Ungrund deshalb ein Nichts, weil das von ihm Bezeichnete als eine simple Unsinnigkeit bei weiteren Überlegungen außer Betracht bleiben konnte. Dass er sich für Autoren damit vor allem dazu eignete, um in Streitschriften Ansichten des Kontrahenten als abwegig abzutun, liegt nahe. So bekamen auch von Böhme alle diejenigen das Wort zu lesen, gegen die er sich schriftlich zur Wehr setzte oder die er auf ihre fundamentalen Irrtümer hinweisen wollte. Einer von ihnen war Balthasar Tilke, ein »Schlesische[r] von Adel«,[144] der sich auf diese Weise sagen lassen musste, dass er Böhmes *Morgen Röte* völlig falsch verstanden hatte:

> Ich redete von Christo [so Tilke], als sey Er aus einem sündlichen Herkommen; da es doch alles ein Ungrund ist, und eure Meinung stehet in Babel; deswegen mercket mein Glaubens=Bekentniß und Erkentniß, wie eigentlich folget.[145]

Zwei andere die »Secten«-Führer Esajas Stiefel und Ezechiel Meth:[146]

> So ist nun dieses ein nichtiger Ungrund, daß Autor schreibet: […][147]

> Dieser Mensch bildet ihm eine Phantasiam ein, dencket, er sey es nicht mehr, der er gewesen ist, seine Natur sey gantz von ihme weg, er sey gantz eine neue Creatur von innen und aussen; Das ist gantz falsch und ein Ungrund.[148]

Und auch in seiner Verteidigungsschrift gegen die Anschuldigungen des Görlitzer Pfarrers Gregor Richter verwendet Böhme das Wort:

> ihr könnet das in ewigkeit nicht beweisen / das ich Gott dem vater seine ewigkeit Nehme / viel weniger das ich die vierheit der Gottheit lehre / ihr habet da eine langet

143 Grimm (1984), Band 24, Sp. 1032.
144 Böhme: *Zweite Schrift gegen Balthasar Tilke* (P V), S. 101.
145 Böhme: *Erste Schrift gegen Balthasar Tilke* (P V), S. 43 (Abs. 254).
146 Böhme: *Zweite Schrift gegen Esajas Stiefel* (P V), S. 199.
147 Ebd., S. 314 (Abs. 435).
148 Ebd., S. 340 (Abs. 526).

> zeit mit vngrunde auff mich getichtet / vnd mir meine schrifften mit frembden verstande angezogen [...][149]

Zudem bietet sich die Disqualifizierung für Böhme freilich an den Stellen an, wo er in religiösen Streitfragen der Zeit, die auch ihn beschäftigten, Partei ergreift, wo es um Prädestination, Gnadenwahl und Verstockung geht:

> Darum sagen wir mit Grunde, daß man nicht soll Schlüsse machen über die Kinder der Heiligen GOttes, als ob GOtt hätte also aus seinem Fürsatz einen zur Verdammniß gezeuget, und ihn verstocket, daß er nicht könte zur Kindschaft kommen: und den andern in ihme erwehlet, daß er nicht könte verloren werden: Es ist lauter Ungrund.[150]

> Daß man aber sagen wolte, der Mensch könne seinen Willen nicht gegen dem Guten wenden, als gegen der Gnade, das ist ein Ungrund: Stehet doch die Gnade im Abgrund der Creatur in allen gottlosen Menschen, und darf der Wille nur von der falschen Wirckung stille stehen, so hebet er an seines eigenen Willens in Abgrund zu ersincken.[151]

> Darum es alles ein Ungrund ist, was Babel von der äussern zugerechneten Gerechtigkeit und von aussen=angenommener Kindschaft lehret; Christus sprach: Ihr müsset von neuem geboren werden, anderst sollet ihr GOttes Reich nicht sehen. Joh. 3:3.[152]

Mit dem Ungrund, der ebenso gut auch der Gott außer der Natur genannt werden kann, scheint derjenige, von dem es hier heißt, dass er ist, »was Babel« alles »lehret«, nichts gemeinsam zu haben. Doch ist das so möglicherweise nicht richtig. Jedenfalls gibt es in der mystischen Tradition, und zwar wieder bei Meister Eckhart, ein durchaus vergleichbares Beispiel zweier unvereinbar erscheinender Bedeutungen eines Begriffs, die doch gleichwohl zusammengedacht werden müssen. In seiner im Kontext des Basler Taulerdrucks bereits betrachteten Exegese aus der Apostelgeschichte beschreibt Eckhart den vierten »sinn« des »nicht«, das der von der Erde aufstehende Paulus sah und dessen erster Sinn »got« war, so: »do er got sah do sahe er alle ding als ein nicht«.[153] Mit anderen Worten: Im selben Moment, in dem Paulus Gott als ein *Nichts* wahrnahm, nahm er alle Dinge um sich herum in ihrer *Nichtigkeit* wahr. Diese zweierlei Seiten des »Nichts« lassen sich ähnlich auch in Böhmes

149 Böhme: *APOLOGIA* (B II), S. 256.
150 Böhme: *Mysterium Magnum* (P VII), S. 403 (Cap. 40, Abs. 67).
151 Böhme: *Mysterium Magnum* (P VIII), S. 650 f. (Cap. 61, Abs. 57).
152 Böhme: *Briefe* (P IX), S. 80 (Br. 20, Abs. 16).
153 Tauler (1522), Blatt 242^{v}.

Terminologie nachweisen,[154] wenn auch das nichtige Nichts nicht eben häufig bei ihm zu entdecken ist. Bei Eckhart hingegen ist das Nichts in beiden Bedeutungen gleichermaßen prominent vorhanden; in seiner Predigt »Surrexit autem Saulus de terra« kommt er auf das Nichts der Dinge mit Bezug auf diese Perikope gleich einige Male noch erläuternd zurück: »Er [Paulus] sahe got / da alle creaturen nicht seind / Er sahe alle creaturen als ein nicht / wann er [Gott] hat alle creaturen wesen in im / Er ist ein wesen das alle wesen in im hat«.[155] »So ich alle creaturen bekenn [erkenne] in got / so bekenn ich nicht / Er sahe got / da alle creaturen nit seind«.[156] »Ein meister spricht / Alle creaturen seind in got als ein nicht / wann er hat aller creaturen wesen in im / Er ist ein wesen / dz alle wesen in im hat«.[157] Das Nichts (oder im Taulerdruck »nicht«), von dem hier gesprochen wird, hat also wesentlich mit dem Blickwinkel zu tun, unter dem man es ansieht. Die Dinge, die als göttliche Schöpfung natürlich nicht ein nichtiges Nichts sind, werden dazu gemacht, wenn der Mensch sie nicht als solche, sondern, gleichsam, als autonome und eigenständige, als aus sich selbst heraus existierende Gebilde versteht. In seiner Eckhart-Studie schreibt Reiner Manstetten dazu: Insofern (nach Eckhart) Seiendes »ist, ist es nicht aus sich selbst, und insofern es aus sich selbst ist oder zu sein beansprucht, ist es nichts«;[158] und: »Die Nichtigkeit des Geschaffenen entsteht dann, wenn man es in seinem besonderen So-Sein als seiend fixieren möchte.«[159] Nun könnte man an der Stelle, mit Blick zurück auf den Ausgangspunkt der Überlegungen, freilich einwenden, dass zwischen diesem Nichtigen des in seiner Eigenart nicht richtig Verstandenen und den nichtigen Meinungen, die Böhme gerne als irrig aus der Welt schaffen möchte, ein Unterschied besteht, dass also die zweierlei Bedeutungen des Nichts bei Eckhart und diejenigen des Ungrunds bei Böhme sich nicht zur Deckung bringen lassen. Doch ist diese Differenz bei genauerer Betrachtung keineswegs unüberbrückbar groß. Denn zu einem Nichts wird nach Böhme die göttliche Schöpfung vom Menschen ja auch dann gemacht, wenn sie zwar als solche

154 So in seiner Schrift *Vom übersinnlichen Leben*. Was der Meister hier seinem Jünger rät, wirkt ein wenig, zumindest zum Schluss, wie durch eine Lektüre der Eckhart-Auslegung inspiriert: »So du [...] nichts in deine Begierde einnimst, so bist du von allen Dingen frey, und herrschest zugleich auf einmal über alle Dinge: Dann du hast nichts in deiner Annehmlichkeit, und bist allen Dingen ein Nichts, und sind dir auch alle Dinge ein Nichts« (P IV [S. 146, Abs. 9]).

155 Tauler (1522), Blatt 243ᵛ.

156 Ebd., Blatt 243ᵛ f.

157 Ebd., Blatt 244ʳ.

158 Manstetten (1993), S. 325.

159 Ebd., S. 326.

prinzipiell anerkannt, aber, wie im Falle der von Gott angeblich willkürlich verhängten Verstockungen oder der Vorstellung, auf Erden christusgleich werden zu können, völlig verfehlt dargestellt wird. Auch der Ungrund benennt hier ein nichtendes Nichts insofern er ein Nicht-Seiendes als aus göttlichem Willen herkommend behauptet. Diese Verbindung zwischen solcherlei Ungrund und Nichts wird von Böhme selber mitunter explizit gemacht, meistens geschieht es in konjunktivischen Wendungen und so, dass sich im Begriff des Ungrunds seine zweierlei Bedeutungen entweder zu vereinen oder aber einer dritten Platz zu machen scheinen, von der sich letztlich kaum sagen lässt, zu welcher der beiden anderen sie mehr hintendiert. Im folgenden Zitat ist das Thema das »verborgen[e] Feuer«, das »in der Tieffe der Natur und in allem Wesen verborgen lieget«:

> und sehen, wie die Sanftmuth des Wassers dasselbe verborgene Feuer in sich gefangen hält, daß es sich nicht könne eröffnen: denn es ist gleichwie verschlungen im Wasser, und ist doch, aber nicht substantialisch, sondern essentialisch, und wird im Erwecken erkant, und qualificirend gemacht; und wäre alles ein Nichts und Ungrund ohne Feuer.[160]

Um dieses Feuer geht es wenige Kapitel später ein weiteres Mal:

> Nun siehe weiter: Was bleibet mir aber am Feuer, wenn ich das Licht und Glantz vom Feuer nehme? Nichts, als nur ein dürrer Hunger, und eine Finsterniß; es verlieret Essentz und Qual, verhungert und wird auch ein Nichts: sein gewesener Sulphur ist ein Tod, verzehret sich, weil die Essentz da ist; so sie nun nimmer ist, so ists ein Nichts, ein Ungrund, da keine Spur ist.[161]

Und im folgenden dritten Textausschnitt aus derselben Schrift finden sich der göttliche Ungrund und sein weniger klar bestimmbarer, weil zwischen Nichts und Unsinn schillernder und außerdem wieder konjunktivisch eingebundener Namensvetter ganz nah beieinander:

> Die Weisheit ist ohne den Geist kein Wesen, und der Geist ist ohne die Weisheit ihme selber nicht offenbar, und wäre auch eines ohne das ander ein Ungrund.
>
> Also ist die Weisheit, als der Spigel des Geistes der Gottheit, für sich selber stumm, und ist der Gottheit, als des Geistes, Leib, darinn der Geist wohnet; Er ist eine Jungfräuliche Matrix, darinnen sich der Geist eröffnet, und ist GOttes Wesenheit, als ein

160 Böhme: *Von der Menschwerdung Jesu Christi* (P IV), S. 6 (1. Th., Cap. 1, Abs. 9).
161 Ebd., S. 38 (1. Th., Cap. 5, Abs. 14).

heiliger Göttlicher Sulphur, gefasset in der Imagination des Geistes, des Ungrundes der Ewigkeit […][162]

Ungrund und Tod

Wenn Böhme vom Ungrund spricht, dann handelt er in seinen Ausführungen meist von (gleichsam) kosmischen Zusammenhängen, von der Ewigkeit zwischen einem ewigen Anfang, aus dem sich alles Seiende herausentwickelt, und einem ewigen Ende, in das es wieder zurückfindet. Was aber hat dieser Ungrund mit dem irdischen Dasein, was hat er mit den gewöhnlichen Erfahrungen eines Menschen zu tun? Gibt es in dessen Erfahrungen etwas, das die Gegenwart oder Nähe des Ungrunds als eine für ihn bedeutungsvolle spürbar werden lässt? Und wenn ja, welcher Art sind diese Erfahrungen? Als erstes mag dazu vielleicht dasjenige in den Sinn kommen, was dem Leben jedes einzelnen vorher und nachher seine Grenzen setzt, das Noch-nicht-Geborensein, von dem man zwar weiß, an das man sich aber nicht erinnern kann, und der Tod, der einen erwartet. Nun kommt bei Böhme als einem mystischen Denker aber noch ein drittes Nichts hinzu, es ist das Nichts, das *im* Leben Wirklichkeit werden kann und soll, das Nichts, in dem der Mensch, wenn er von seinem Eigenwillen ablässt, mit dem Göttlichen eins wird:

> Nun ist aber der Mensch aus dem grossen Wesen aller Wesen, und in ihme ist der Streit: Nun, so er ist in der Bosheit gefangen, so mag er dem grossen Ubel nicht entfliehen, er falle denn in den Tod, das ist, ins Nichts; so ist er der Turba frey, und fället in GOttes Erbarmen, denn sein Wille gehet wieder in das, davon er von Ewigkeit entstanden ist […][163]

Eine ausführliche Schilderung dieser Form des Ersterbens enthält Böhmes Kommentar zu einer Episode aus dem Leben des Patriarchen Jacob, nämlich seinem nächtlichen Kampf mit einem Mann, der ihm schließlich, wie es bei Luther heißt, das Gelenk seiner Hüfte verrenkte (Gen. 32,25–30). Diesen Kampf, dessen Ende mit seiner Morgenröte der anbrechende Tag ankündigt, versteht Böhme als eine Figur, die den Prozess des Ins-Nichts-Eingehens der menschlichen Seele vor Augen führt:

> In diesen Tag, als in Abgrund ausser aller Menschen Vermögenheit oder Können ersincket sie [die Seele] als ein nichts mehr könnendes oder wollendes Kind, das aller

162 Ebd., S. 122 (2. Th., Cap. 1, Abs. 10 f.).
163 Böhme: *Zweite Schrift gegen Balthasar Tilke* (P V), S. 133 (Abs. 149).

> Gnaden viel zu unwürdig sey, und sich ja müsse dem Gerichte ergeben: Aber mit solchem Einersencken übergiebet die Seele all ihr Können, Wollen und Vermögen, und wird in ihr selber gleichwie Natur= und Creatur los, und fället wieder in das Wort ein, darinnen sie vor ihrer creatürlichen Art im ewigen Sprechen stund.
>
> Denn GOttes Gerechtigkeit und Gerichte hat keinen tiefern Grund als nur in das Creatürliche Leben; wann sich aber der Seelen=Wille aus der Creatur ausgiebet, und in Ungrund ersincket, so ist sie wieder als ein neues Kind, denn der Ungrund im ewigsprechenden Worte, daraus sich die höchste Liebe und Gnade GOttes hat offenbaret, ergreiffet sie, und dringet in sie ein, wie die Sonne in das Ens eines Krauts, davon das Kraut halb Sonnisch wird; Also wird in diesem Einersincken die Seele in ihrem Willen halb Göttlich, alsdenn ringet sie mit GOttes strengen Gerechtigkeit im Fleisch und Blut, und will den Zorn GOttes überwältigen.[164]

Was in diesem Zitat als ein Ersinken der Seele »in Ungrund« beschrieben wird, das war im vorausgehenden das Fallen des Menschen »in den Tod, das ist, ins Nichts«. Doch ist es freilich ein sehr besonderes Sterben, von dem es jetzt heißt, dass der Tod (als der Ungrund) in die Seele eindringt »wie die Sonne in das Ens eines Krauts«, wovon die Seele »in ihrem Willen halb Göttlich« wird und zuletzt noch in einen Kampf mit dem »Zorn GOttes« eintritt. Ein solcher Tod im Leben muss im Gegenteil mehr als ein Leben der höheren Art erscheinen, wogegen das gewöhnliche, achtlos geführte Leben für Böhme umgekehrt einem Tod gleichkommt. Mit dieser Paradoxie konfrontiert er immer wieder in seinen Texten, wobei das, was mitunter wie eine Sprachspielerei anmuten mag, in jeder Variante sehr ernst gemeint ist: Der Mensch »muß todt seyn, (verstehet mit der äusseren Vernunft), so lebet GOtt in Christo in ihme«;[165] »so will ich […] mit meinem verderbten Willen in seinem Tode und mit Ihm sterben, und ein Nichts in Ihme werden, so muß Er mein Leben werden«;[166] »Also ist der grimmige Tod eine Wurtzel des Lebens […] denn aus dem Sterben wird das freye Leben geboren; was vom Sterben kann ausgehen, das ist vom Tode und der Grimmen=Qual erlöset […] und also erreichet das Leben aus dem Tod die ewige Freyheit«;[167] »Abba, lieber Vater, nim deines Sohnes Gehorsam für mich in dich, laß mich nur in seinem Gehorsam in dir in seinem Tode leben, laß mich in Ihme sterben, auf daß ich in mir nichts bin […] Laß mich in mir todt seyn, und gib mir sein Leben«.[168]

164 Böhme: *Mysterium Magnum* (P VIII), S. 631 (Cap. 60, Abs. 33 f.).
165 Böhme: *Erste Schrift gegen Balthasar Tilke* (PV), S. 63 (Abs. 389).
166 Böhme: *Von der Geburt und Bezeichnung aller Wesen* (P VI), S. 111 (Cap. 9, Abs. 57).
167 Böhme: *Von sechs Punkten* (P IV), S. 15 (Cap. 1, Abs. 73).
168 Böhme: *Von der Geburt und Bezeichnung aller Wesen* (P VI), S. 222 (Cap. 15, Abs. 30).

Soweit der Ungrund als der Tod *im Leben*, der in Wirklichkeit dem Tod, »den die euser Natur für ein leben heldt«,[169] zum wahren Leben verhilft. Doch gibt es bei Böhme daneben auch den anderen Ungrund(-Tod), also denjenigen, mit dem das *Ende* des Lebens, mit dem der physische Tod gemeint ist. Ausführlich thematisiert wird der Zusammenhang in der Schrift *Von der Menschwerdung Jesu Christi*. Dort stellt Böhme gleich zweimal die Frage nach dem Sinn. Deren erste lautet:

> Was hat doch GOtt für einen Gefallen am Tode und Sterben, daß Er nicht alleine seinen Sohn am Creutz hat sterben lassen, sondern wir müssen auch alle sterben? So uns denn GOtt hat mit dem Sterben seines Sohnes erlöset, und Er für uns bezahlet, warum müssen wir dann auch sterben und verwesen? Also lauffet die Vernunft.[170]

Und Böhme gibt der Vernunft darauf Folgendes zur Antwort:

> Wenn wir nun dieses finden wollen, müssen wir die Ewigkeit im Grund und Ungrund betrachten, sonst ist kein Finden, wir müssens nur finden, da es ist: Denn aus dem ewigen Grunde haben wir mit GOttes Bildniß unsern Urstand, als mit der Seelen und ihrer Bildniß, sind aber ins Zeitliche und Zerbrechliche eingeführet worden, als in die Qual. Nun ist aber die Ewigkeit, als der Ungrund eine Freyheit ausser der Qual: darum müssen wir wieder in die Freyheit durchs Sterben eingehen, und können doch auch nicht sagen, daß kein Leben darinnen sey, es ist das rechte Leben, das da ewig ohne Qual bestehet.[171]

Sehr wahrscheinlich, dass Böhme die von ihm selber gestellte Frage mit dieser Erklärung noch nicht genügend beantwortet sah. Jedenfalls ist die zweite Frage einige Kapitel später eine recht genaue Wiederholung der ersten: »Was hat GOtt für einen Gefallen am Tode?«[172], woraufhin Böhme sich ihr erneut und dieses Mal um einiges ausführlicher noch widmet. Daraus im Folgenden zwei Auszüge; der Begriff Ungrund bleibt in ihnen, wie überhaupt in diesem zweiten Ansatz, allerdings ausgespart:

> Alles was sich anfänget, gehöret in das, daraus es gegangen ist; So wir aber blos aus der Erden sind herkommen, so sind wir der Erden, was wolte uns denn anklagen, daß wir also thäten, als der Erden Eigenschaft treibet und will? So aber denn ein Gesetze in uns ist, das uns anklaget, daß wir irdisch leben, so ist dasselbe nicht irdisch; sondern es ist aus deme, dahin es uns weiset und zeucht, als aus dem ewigen, dahin zeucht es uns auch: und verklaget uns unser eigen Gewissen vor dem Ewigen, daß wir

169 Böhme: *Von Christi Testamenten* (B II), S. 216.
170 Böhme: *Von der Menschwerdung Jesu Christi* (P IV), S. 118 f. (2. Th., Cap. 1, Abs. 1).
171 Ebd., S. 119 (2. Th., Cap. 1, Abs. 4).
172 Ebd., S. 149 (2. Th., Cap. 6, Abs. 2).

> machen und thun, was dem Ewigen zuwieder ist. So wir uns aber demselben heimgeben, das uns in das Ewige zeucht, so muß das ander, das uns in das Irdische zeucht, zerbrechen, und in das eingehen, dahin es will, als in die Erden, dahin es uns zeucht; und der Wille, den wir dem Ewigen geben, der nimt das Ewige ein.[173]

> Also verstehen wir das Sterben, was es sey, und warum Christus hat müssen sterben, und wir alle in Christi Tode sterben müssen; wollen wir anderst seine Herrlichkeit besitzen. Der alte Adam kann das nicht thun; er muß wieder in das, daraus er gegangen ist [...][174]

Auch in diesen beiden Zitaten findet das Ende wieder zurück zum Anfang. Der Ungrund, aus dem vor unvordenklicher Zeit die Welt hervorging, ist beständig gegenwärtig und den Menschen nah. Und auch wenn diese – wovon in aller Regel auszugehen ist – nicht fähig oder willens sind, bereits zu Lebzeiten mit ihrem »Seelen=Willen« in den Ungrund zu »ersinken« und sich so, für eine zeitlich begrenzte Dauer, von der irdischen »Turba« zu befreien, so wissen doch alle um ihre Sterblichkeit und die Möglichkeit eines jederzeitigen Todes. Darin aber sollte nach Böhme nicht so sehr die unausgesetzte Bedrohung gesehen werden. Wo die Rückkehr in den Anfang vor der Zeit sich nach Art einer Heimkehr durch widriges Gelände, durch das »Zerbrechliche« und die »Qual« zu ereignen scheint, wird das Ende des Lebens zugleich zu einer Vollendung. Die ursprüngliche Vollkommenheit, aus der der Ungrund, um seiner Offenbarung willen, hervortrat, stellt der Mensch, indem er sich dem »heimgibt«, was ihn ins Ewige »weiset und zeucht«, für sich wieder her. »Durchs Sterben« geht er ein in die »Freiheit außer der Qual« und also in dasjenige, das man sich nicht anders vorzustellen vermag als ein absolutes und ewiges Nichts, und von dem wir doch gleichwohl, wie es in der Beantwortung der ersten Frage hieß, »nicht sagen [können], daß kein Leben darinnen sey«.

173 Ebd., S. 150 (2. Th., Cap. 6, Abs. 3).
174 Ebd., S. 155 (2. Th., Cap. 6, Abs. 13).

Teil II: Paul Celans Ungrund-Gedicht

EINGESCHOSSEN
in die Smaragdbahn,

Larvenschlupf, Sternschlupf, mit allen
Kielen
such ich dich,
Ungrund.

Abgründe

In den Gedichten und der Prosa Paul Celans, die zu dessen Lebzeit publiziert wurden, gehört der »Ungrund« nicht zum Wortbestand der Texte – anders der »Abgrund«, der zwar auch nicht oft, aber doch mehrere Male und teils sehr signifikant vertreten ist.[1] Dass der Gebrauch dieses Begriffs, wie vermutlich bei Böhme, durch Tauler beeinflusst wurde, ist für Celan eher unwahrscheinlich, wichtiger dürften für ihn auch in diesem speziellen Bezug die Dichtungen Friedrich Hölderlins gewesen sein, in denen man auf Abgründe in verschiedenerlei Kontexten stoßen kann. Im Gedicht »Patmos« ist es der sichtbare, der, sozusagen, gähnende Abgrund zwischen Bergmassiven, über den die »Söhne der Alpen« auf »leichtgebaueten Brücken«[2] furchtlos weggehen, in »Natur und Kunst oder Saturn und Jupiter« ein eher *meta*physischer, in den der »heilige[ ] Vater« Saturn von seinem eigenen Sohn »verwiesen«[3] wird. Und von offenbar verwandter Art scheinen auch jene Abgründe zu sein, die Hyperion im Zusammenhang seiner ersten Begegnung mit Diotima in einem Brief an Bellarmin imaginiert:

1 Zu den »Abgründen« in Celans Werk vgl. auch Speier (1997) sowie Janz (2018).
2 Hölderlin (1969), S. 176.
3 Ebd., S. 78.

> Ich hab es heilig bewahrt! wie ein Palladium, hab ich es in mir getragen, das Göttliche, das mir erschien! und wenn hinfort mich das Schicksal ergreift und von einem Abgrund in den andern mich wirft, und alle Kräfte ertränkt in mir und alle Gedanken, so soll dies Einzige doch mich selber überleben im mir, und leuchten in mir und herrschen, in ewiger, unzerstörbarer Klarheit! –[4]

In Hyperions »Schicksalslied«,[5] in dem Hölderlin im zweiten Band des Buchs die letzten Worte von der »ewigen, unzerstörbaren Klarheit« noch einmal aufgreift (hier: die »stille/ Ewige Klarheit«, in der »die seligen Augen«[6] blicken), kommt er auch auf das Motiv des (Hin-und-her-)Geworfenwerdens zurück, ohne allerdings zugleich noch einmal von Abgründen zu sprechen. Statt dessen fallen hier »die leidenden Menschen« »von einer/ Stunde zur andern,/ wie Wasser von Klippe/ zu Klippe geworfen« »ins Ungewisse hinab«.[7] Ein viertes Mal ist von einem Abgrund gleich zu Beginn eines Fragment gebliebenen Gedichts die Rede: »Vom Abgrund nämlich«, heißt es da, »haben/ Wir angefangen und gegangen/ Dem Leuen gleich, in Zweifel und Ärgernis«;[8] und zuletzt noch der, vielleicht, rätselhafteste unter den Hölderlinschen Abgründen, einer, der sogar eine gewisse Nähe zu den Taulerschen aufweist. In der ersten Fassung des Gedichts »Mnemosyne« lautet der Schluss der ersten Strophe: »Nicht vermögen/ Die Himmlischen alles. Nämlich es reichen/ Die Sterblichen eh an den Abgrund. Also wendet es sich/ Mit diesen. Lang ist/ Die Zeit, es ereignet sich aber/ Das Wahre.«[9]

In den Gedichten Paul Celans gilt eine vergleichbare Rätselhaftigkeit, eine allem unmittelbaren Verstehen sich widersetzende Semantik des Begriffs mehr oder weniger für alle Abgründe. Deren erster in den von Celan noch selbst publizierten Gedichten findet sich in »Vor einer Kerze« im Band *Von Schwelle zu Schwelle*. Dort lauten der dritte und die ersten zehn Verse des vierten der insgesamt vier Textabschnitte:

4 Ebd., S. 337 f.
5 Ebd., S. 423.
6 Ebd.
7 Ebd., S. 424.
8 Ebd., S. 234.
9 Ebd., S. 198. Zum Motiv des Abgrunds bei Hölderlin vgl. auch A. Doppler (1968), S. 80–150.

Mit nachtverhangnen
Lippen
sprech ich den Segen:

Im Namen der Drei,
die einander befehden, bis
der Himmel hinabtaucht ins Grab der Gefühle,
im Namen der Drei, deren Ringe
am Finger mir glänzen, sooft
ich den Bäumen im Abgrund das Haar lös,
auf daß die Tiefe durchrauscht sei von reicherer Flut –,
im Namen des ersten der Drei,
der aufschrie,
als es zu leben galt dort, wo vor ihm sein Wort schon gewesen,
[…][10]

Den engsten Bezug zu Hölderlin haben Celans Abgründe vielleicht dort, wo auch sie, wie im erwähnten »Vom Abgrund nämlich« und somit in eher ungeläufiger Konnotation, mit Herkunft in Verbindung gebracht werden. Das gilt für »Stumme Herbstgerüche«,[11] wo der Begriff in unmittelbarer Nähe zu dem der »Heimat« steht, ebenso wie in »Radix, Matrix« (beide aus der *Niemandsrose*), wo es heißt: »du/ mir vom Abgrund her, von/ einer Heimat her Ver-/ schwisterte«.[12] Nicht hingegen auf Hölderlin zurückverweisend ist in den Gedichten eine andere Auffälligkeit, nämlich das häufige Beieinander von »Abgrund« und »Stern« und, in Zusammenhang damit, eine ins Kosmische hinausführende Erweiterung des Blickfelds. Im schon erwähnten »Stumme Herbstgerüche« ist es die »Sternblume«, die »zwischen Heimat und Abgrund durch/ dein Gedächtnis«[13] geht, in dem ebenfalls in der *Niemandsrose* enthaltenen »Die Silbe Schmerz« stößt man auf eine »fastnachtsäugige Brut/ der Mardersterne im Abgrund«,[14] im unveröffentlichten Gedicht »Träne« heißt es: »Ich schwirrt' mit dem Stern in den Abgrund«,[15] und die wohl am reichhaltigsten ausgestattete Bildwelt zu Kosmos und Abgrund zeichnet das Gedicht »Du gleißende« aus dem posthum veröffentlichten Band *Zeitgehöft*, in das auch das »Ungrund«-Gedicht »Eingeschossen« aufgenommen ist:

10 Celan: *Die Gedichte*, S. 73 f.
11 Ebd., S. 131.
12 Ebd., S. 140.
13 Ebd., S. 131.
14 Ebd., S. 160.
15 Ebd., S. 385. Es handelt sich um ein frühes, möglicherweise aus dem Jahr 1941 stammendes Gedicht (vgl. ebd., S. 885).

DU GLEISSENDE
Tochtergeschwulst
einer Blendung im All,

aufgegriffen
von überhimmlischen Suchtrupps,
verschoben
ins sehende, gott-
entratene
Sternhaufen-Blau,

du wildenzt
vor unsern
hungrigen, unverrückbaren
Poren
als Mitsonne, zwischen
zwei Hellschüssen
Abgrund.[16]

Die Schwierigkeiten, die Celans Verwendung des Begriffs »Abgrund« in seinen Gedichten den Versuchen eines Verständnisses im Grunde durchgängig entgegensetzt, gelten für die Prosa-Texte, in denen er vorkommt, nicht im gleichen Maße. Wenn dort von Abgrund oder Abgründigem die Rede ist, dann ist das hiermit Gemeinte zumeist Teil des gängigen Bedeutungsspektrums; so in dem von Hans Bender veröffentlichten Brief Paul Celans vom 18. Mai 1960.

Zu dessen Hintergründen zunächst das folgende: Im Jahr 1955 hatte Hans Bender unter dem Titel »Mein Gedicht ist mein Messer. Lyriker zu ihren Gedichten« eine Anthologie herausgegeben, in der er neben Gedichten zeitgenössischer Autoren auch deren Gedanken, Theorien etc. zum eigenen Werk mit einbezog. Auch Paul Celan hatte er darum gebeten, sich hieran zu beteiligen, erhielt von ihm aber eine Absage. Als Bender fünf Jahre später Vorbereitungen zu einer (erweiterten) Neuauflage seines Bandes traf, entschloss sich Celan nach einer neuerlichen Anfrage diesmal zu einer Mitwirkung. Für einen Abdruck stellte er sein Gedicht »Weiß und Leicht« zur Verfügung sowie, als theoretischen Text, den oben erwähnten Brief an den Herausgeber, in dem es indes nur zum Teil um die von Bender gewünschte Reflexion des eigenen Schaffens ging. Denn worauf Celan dort, wenn auch in eher kryptischen Formulierungen, vor allem abhob, war eine Geschichte, die bis in die frühen fünfziger Jahre zurückreichte. Claire Goll hatte Celan nach dem Tod

16 Ebd., S. 361.

ihres Mannes Yvan bezichtigt, dessen Gedichte plagiiert zu haben, und mit dieser Anschuldigung eine öffentliche Debatte ausgelöst. Auf ihren Höhepunkt steuerte diese Debatte schließlich zu, als Claire Goll im Frühjahr 1960 in einer Literaturzeitschrift unter dem Titel »Unbekanntes über Paul Celan« ihre Vorwürfe noch einmal ausführlich wiederholte und dabei auch an weiteren Ehrenrührigkeiten nicht sparte, indem sie etwa von Celans »wunderbar gespielte[r] Bescheidenheit« schrieb, seiner »künstliche[n] Zärtlichkeit«, seiner »zur Schau getragene[n] Schwermut des einsamen Dichters« und seiner »traurige[n] Legende [über die »von den Nazis« getöteten »Eltern«], die er so tragisch zu schildern wußte«.[17] Celan bekam den Artikel vermutlich am 3. Mai 1960 erstmals zu lesen,[18] also etwa zwei Wochen vor seinem Brief an Bender, in dem sich die deutlichste Bezugnahme auf diese Geschehnisse wohl gegen Ende findet: »Ich habe es vor Jahren eine Zeitlang mit ansehen und später aus einiger Entfernung genau beobachten können, wie das »Machen« über die Mache allmählich zur Machenschaft wird. Ja, es gibt auch *das*, Sie wissen es vielleicht. – Es kommt nicht von ungefähr./ Wir leben unter finsteren Himmeln, und – es gibt wenig Menschen. Darum gibt es wohl auch so wenig Gedichte.«[19] Weniger ins Auge springend – zumindest auf den ersten Blick – ist die Verbindung zur Goll-Affäre einige Abschnitte zuvor, wo Celan nachträglich einer Aufforderung nachkommt, mit der Bender, wie er im Vorwort zur Erstauflage des Bandes schreibt, an die Autoren seinerzeit herantrat: »Der Lyriker sollte sich äußern zu seinem Gedicht, zur Form, zum Stil, zum Vorbild, zu seiner Entstehung, seinem ›Handwerk‹, seiner Absicht, zu Metapher, Reim und Rhythmus.«[20] Doch musste Bender in Bezug auf dieses Anliegen zu seinem Bedauern feststellen, dass nicht »alle Aufsätze [...] die gewünschte Antwort zufriedenstellend« gaben. »Nicht alle Beteiligten untersuchten ihr ›Handwerk‹ so konkret, wie es geplant war.«[21] In seinem Brief greift Celan diesen für Bender offensichtlich so wichtigen Begriff auf und merkt dazu kritisch an:

> Gewiß, es gibt auch das, was man heute so gern und so unbekümmert als *Handwerk* bezeichnet. Aber – erlauben Sie mir diese Raffung des Gedachten und Erfahrenen – Handwerk ist, wie Sauberkeit überhaupt, Voraussetzung aller Dichtung. *Dieses* Handwerk hat ganz bestimmt keinen goldenen Boden – wer weiß, ob es überhaupt

17 Zit. n. Wiedemann (2000), S. 252. Der Artikel war in der Zeitschrift *Baubudenpoet* erschienen, Heft 5, München, 1960, S. 115 f.

18 Vgl. Wiedemann (2000), S. 254.

19 Bender (1961), S. 86 f.

20 Ebd., S. 10.

21 Ebd., S. 10 f.

einen Boden hat. Es hat seine Abgründe und Tiefen – manche (ach, ich gehöre nicht dazu) haben sogar einen Namen dafür.[22]

Dass Celan auch in diesen Sätzen letztlich auf die Plagiatsvorwürfe abzielt, ist vor allem aus seinem Hinweis auf das möglicherweise *bodenlose* Handwerk zu entnehmen. Denn Bodenlosigkeit ist einer der Kernbegriffe, den er in Briefen an Freunde und Bekannte immer wieder zur Kennzeichnung dessen gebraucht, was er als gegen sich geführte Kampagne wahrnahm. An Rolf Schroers schreibt er am 9. Februar 1961: »Aber das gegen mich Angezettelte ist das Bodenlose selbst – es geht weiter und findet immer neue Helfer: der ›Fall Paul Celan‹ passt vielen nur allzu gut ins Konzept«,[23] worauf er am Ende des Briefs noch einmal eindringlich wiederholt: »Dies noch – noch einmal –, Rolf: es ist bodenlos.«[24] Und in fast wörtlicher Übernahme schreibt er in einem auf den 25. Juli 1961 datierten, nicht abgesandten Brief an Heinrich Böll: »Was gegen mich angezettelt wurde, ist bodenlos, Heinrich Böll, ich sage: bodenlos.«[25] Der Begriff des Abgrunds, der im Brief an Bender auf die Frage nach dem Boden des Handwerks unmittelbar folgt (das was vielleicht »keinen Boden« hat, hat (entsprechend) »seine Abgründe«), wird demgegenüber, wenn es um die Goll-Affäre geht, von Celan deutlich weniger verwendet, doch findet auch er sich in diesem Zusammenhang. An Herbert Eisenreich schreibt Celan am 17. März 1961: »diese ganze Affäre ist viel abgründiger, als man zunächst annehmen möchte. Sie ist ein Skandal – also nicht nur ein ›Schkandal‹, sondern ein Skandalon und Ärgernis im wahrsten Sinne –«.[26] Und in einem Brief an Siegfried Unseld vom 6. Januar 1962 heisst es: »Gerne hätte ich mich einmal mit Ihnen über all das unterhalten, was ich in den letzten Jahren erfahren und beobachten musste. Soviel nur: ich bin mir, was die Gründe, Hintergründe (und Abgründe …) dieser ganzen gegen mich angezettelten Sache betrifft, durchaus im klaren.«[27]

Der Meridian

Nun gab es – in nicht ganz zufälliger Koinzidenz – zu genau jener Zeit, in der sich Celan durch den Artikel von Claire Goll wieder vermehrt öffentlichen

22 Ebd., S. 86.
23 Celan (2011): *Briefwechsel mit den rheinischen Freunden*, S. 197.
24 Ebd., S. 198.
25 Ebd., S. 363.
26 Eisenreich (2010), S. 207.
27 Celan (2019): *Briefe 1934–1970*, S. 546.

Verdächtigungen ausgesetzt sah, noch ein weiteres Ereignis, das die Aufmerksamkeit der literarisch Interessierten auf sein Werk lenkte: Ende April 1960 entschied die Deutsche Akademie für Sprache und Dichtung, ihm in diesem Jahr den Büchner-Preis zu verleihen. Celan erfuhr von dieser Auszeichnung am 14. Mai 1960[28] und also vier Tage, bevor er den Brief an Hans Bender absandte, und obwohl sich von Seiten der Juroren mit der Entscheidung auch eine deutliche Positionierung verband, war es Celan letztlich nicht möglich, über der ihm auf diese Weise entgegengebrachten Wertschätzung jener anderen, abgründigen Geschichte fortan nicht mehr so viel an Raum und Gewicht zuzugestehen. Im Gegenteil: Aufgrund der Tatsache, dass er einige der Mitglieder der Akademie in die Goll-Affäre verstrickt sah, dachte er zeitweise daran, den Preis abzulehnen. An Hermann Kasack schreibt er Ende September 1960: »Ich bitte Sie alle, ich bitte die Regierung des Landes Hessen und den Oberbürgermeister der Stadt D. um Verständnis dafür, dass ich diesen Preis nicht annehmen kann.«[29] Und an Marie Luise Kaschnitz, auch eine Büchner-Preis-Trägerin, der es daraufhin doch noch gelang, ihn in diesem Punkt umzustimmen, heißt es in einem nicht abgesandten Brief vom Mai 1961: »ich schlage Ihnen – und *nur* Ihnen – vor, gemeinsam mit mir diesen Preis zurückzugeben.«[30] So stand freilich auch Celans Arbeit an der Verfertigung der Preis-Rede, die er am 22. Oktober 1960 hielt, beständig unter diesen ungünstigen Vorzeichen; und es ist ebenso bemerkenswert wie, mit Blick auf das Resultat, segensreich, dass er es vermochte, die unerfreulichen aktuellen Geschehnisse aus dem endgültigen Text vollständig herauszuhalten. Das war, sieht man die umfangreichen Vorarbeiten, die Notizen und Entwürfe daraufhin durch, so keineswegs abzusehen. Die schon im Brief an Hans Bender vielsagend eingefügte Verbindung von Machen, Mache und Machenschaft etwa findet sich in einer der Aufzeichnungen wie folgt erläutert: »Die Mache → Machenschaft. Ich habe einen solchen angeblich ›lyrischen‹ Fall beobachtet. Einigen von ihnen [!] dürfte bekannt sein, was und wer hier am Werk ist. Es gibt auch das. Es ist eine ›literarische‹ Spielart des Infamen, also des auf eine besonders monströse […] Weise Namenlosen.«[31] Und noch expliziter auf die Affäre bezogen heißt es in einer anderen Notiz: »Das Gedicht […] steht mit dir gegen die Infamie. Es steht gegen Goebbels und Goll.«[32] In einem kurz nach der Preisverleihung an Otto Pöggeler adressierten Brief fasst Celan die

28 Vgl. Wiedemann (2000), S. 515.
29 Ebd., S. 514.
30 Ebd., S. 535.
31 Celan (1999): *Der Meridian*, S. 154.
32 Ebd., S. 139.

für ihn schwierigen vergangenen Monate so zusammen: »Es war ein finsterer Sommer [...] Und der Büchner-Preis war, bis zuletzt, eine Prüfung, d. h. er war auch Anfechtung und Heimsuchung. Wirklich. Nun ists überstanden, ich habe sogar noch im allerletzten Augenblick freilich eine (Art) Rede zu Papier gebracht«[33] – eine Rede, in der die Auseinandersetzungen um die eigene Person zugunsten einer Reflexion über Sprache und Dichtung keine Rolle spielen und in der in *diesem* Zusammenhang, und nicht in Anspielungen auf das durchlebte Finstere, auch der »Abgrund« seinen Platz erhält. Zu Büchners Lenz, dem es auf seinem Weg nach Waldbach »manchmal unangenehm« war, »daß er nicht auf dem Kopf gehn konnte«, lautet Celans bekannter Kommentar: »Wer auf dem Kopf geht, meine Damen und Herren, – wer auf dem Kopf geht, der hat den Himmel als Abgrund unter sich.«[34] Dem rätselhaften Bedürfnis des Büchnerschen Lenz fügt Celan damit eine nicht weniger rätselhafte Auslegung hinzu. Ist es so gemeint, dass da einer auf dem Kopf gehen möchte, *damit* er den Himmel als Abgrund unter sich hat? Und wenn ja, was verspricht er sich von dieser veränderten Gangart und Perspektive? Wäre das wichtige daran für ihn, dass er auf diese Weise den Boden unter den Füßen verliert und das erstrebte Resultat, um das für Celan eminente Wort hierfür zu gebrauchen, die Bodenlosigkeit wäre?[35]

33 Brief an Pöggeler vom 1. November 1960. Zit. n. Festiner (2000), S. 215.

34 Celan (1999): *Der Meridian*, S. 7.

35 In einer Notiz zur Rede bringt Celan auch für diesen Kontext die beiden Begriffe zusammen: »Das Abgründige (ist tatsächlich) das Bodenlose« (ebd., S. 92). In einer Studie zu Celans Büchner-Preis-Rede beginnt Gerhard Buhr (1976) eine lange Fußnote zu dieser Textstelle mit dem Hinweis: »In Büchners ›Lenz‹-Erzählung selbst ist die Vorstellung des Abgrundes ausgesprochen.« (S. 190) Damit bezieht er sich auf folgende Passage, die er im Anschluss an das (hier nur in seinem letzten Teil wiedergegebene) Zitat ausführlich reflektiert: »Lenz mußte laut lachen, und mit dem Lachen griff der Atheismus in ihn und faßte ihn ganz sicher und ruhig und fest. Er wußte nicht mehr, was ihn vorhin so bewegt hatte, es fror ihn, er dachte, er wolle jetzt zu Bette gehn, und er ging kalt und unerschütterlich durch das unheimliche Dunkel – es war ihm Alles leer und hohl, er mußte laufen und ging zu Bette./ Am folgenden Tag befiel ihn ein großes Grauen vor seinem gestrigen Zustande, *er stand nun am Abgrund*, wo eine wahnsinnige Lust ihn trieb, immer wieder hineinzuschauen, und sich diese Qual zu wiederholen. Dann steigerte sich seine Angst, die Sünde wider den heiligen Geist stand vor ihm.« (Büchner [1974], S. 94 [H. v. m.]) Die Fußnote und damit seine Gedanken zum Motiv bei Büchner und Celan schließt Buhr mit einem Bild, das bemerkenswerterweise, aber vielleicht ja nicht ganz zufällig, die zwei sich nacheinander sehnenden Abgründe Taulers in Erinnerung ruft: »Er [Celan] denkt offensichtlich die Möglichkeit, daß das Abgründige nicht einfach im Zerbrechen eines unendlichen Geistes an der Endlichkeit des Irdischen liegt, sondern je nach der Weise des Gehens sich am Himmel oder an der

Himmel und Abgrund, wie überhaupt Kosmisches und der Begriff des Abgrunds, gehören für Celan auch andernorts eng zusammen. In einem Brief an Diet Kloos-Barendregt schreibt er am 21. September 1949, und also noch vor der ersten Kontaktaufnahme mit Yvan Goll: »Ich bin sehr einsam, Diet, und habe nicht nur mit dem Himmel und seinen Abgründen zu ringen – ich brauche auch viele bittere Stunden, um mir das, was man das tägliche Brot nennt, zu erwerben«.[36] Diesem täglichen Kampf gegenüber bleibt das Ringen mit dem »Himmel und seinen Abgründen« in Celans Mitteilung vage; doch ist anzunehmen, wenn das andere die praktischen Schwierigkeiten des Broterwerbs betrifft, dass es hierbei um geistigere Dinge und damit wohl auch um die Dichtung geht. »Ich bin sehr einsam«, so leitet Celan seinen Hinweis auf die von ihm auszutragenden Kämpfe ein, »Das Gedicht ist einsam«, heißt es dann später in seiner Preis-Rede: »Es ist einsam und unterwegs. Wer es schreibt, bleibt ihm mitgegeben.«[37]

In dieser Rede wird der Abgrund, den der auf dem Kopf Gehende unter sich hat, später noch zweimal in Erinnerung gerufen; doch ist es nötig, da die beiden Textstellen ansonsten unverständlich bleiben müssen, auch die Vorgeschichte dazu zu kennen. Denn der Abgrund, auf den Celan in Büchners Erzählung stößt, den hat er nach einer aufmerksamen Lektüre von dessen Dramen geradezu gesucht. In allen dreien trifft er dort zunächst, und jedes Mal in eher ungewöhnlichem Kontext, auf den Begriff der Kunst. In *Dantons Tod* ist es Camille, der sich darüber ereifert, dass sich die Leute – »ach die Kunst!« – statt der »Wirklichkeit« lieber in »Theatern, Concerten und Kunstausstellungen« die »hölzernen Copien«[38] anschauen (Celan: Die Kunst, ein »marionettenhaftes [...] Wesen«);[39] im *Woyzeck* ist es der »Marktschreier«, den Büchner »vor einer Bude« so sprechen lässt: »Sehen Sie jezt die Kunst, geht aufrecht hat Rock und Hosen, hat ein Säbel«[40] (»Die Kunst« so Celan, »erscheint diesmal in Affengestalt«);[41] und in *Leonce und Lena* schließlich ist sie dem Valerio in den Mund gelegt. Von den beiden Titelgestalten spricht er

Erde zeigt und darum ein anderes ist als beides; was aber nur herauskommen kann, wenn jene Inversion im Geist vollzogen ist. Dann wäre die Erde Grund und Abgrund zugleich, dann wäre vielleicht der Himmel Abgrund und Grund zugleich, und es wäre nicht auszuschließen, daß beides sich an einem ›utopischen‹ Ort begegnete.« (S. 191)

36 Celan (2002): *»Du mußt versuchen, auch den Schweigenden zu hören«*, S. 74.

37 Celan (1999): *Der Meridian*, S. 9.

38 Büchner (1974), S. 37.

39 Celan (1999): *Der Meridian*, S. 2.

40 Büchner (1974), S. 145.

41 Celan (1999): *Der Meridian*, S. 2.

als von »zwei weltberühmten Automaten«, die angekommen seien, und mit »*schnarrendem Ton*«, als würde er nun selber zum Automaten werden, beginnt er die beiden in ähnlicher Weise vorzustellen wie der Marktschreier im *Woyzeck* die aufrecht gehende Kunst: »Sehen Sie hier meine Herren und Damen, zwei Personen beiderlei Geschlechts, ein Männchen und ein Weibchen, einen Herrn und eine Dame. Nichts als Kunst und Mechanismus, nichts als Pappendeckel und Uhrfedern.«[42] »Nichts als Kunst und Mechanismus, nichts als Pappendeckel und Uhrfedern!«[43] zitiert Celan in seiner Rede den letzten Satz dieses kurzen Auszugs.

So schneidet die Kunst nicht gut ab in all diesen in den Blick genommenen Szenen, scheint es ihr Markenzeichen zu sein, dass sie die vorgefundene Wirklichkeit durch ihr Zutun gleichsam aufpolieren möchte, und ihr Schicksal, dass sie dabei doch immer hinter dieser Wirklichkeit zurückbleibt. Und nicht anders verhält es sich so auch dort, wo Celan ein letztes Beispiel für die Kunst, wenn auch das Wort diesmal nicht fällt, in der Büchnerschen Erzählung entdeckt. Lenz berichtet von einem Anblick, der ihn in seinen Bann zog: Er sah »auf einem Steine zwei Mädchen sitzen, die eine band ihre Haare auf, die andre half ihr; und das goldne Haar hing herab, und ein ernstes bleiches Gesicht, und doch so jung, und die schwarze Tracht und die andre so sorgsam bemüht.« Und die Phantasie, die dieses Bild rückblickend in ihm erweckt: »Man möchte manchmal ein Medusenhaupt seyn, um so eine Gruppe in Stein verwandeln zu können«.[44] »›Man möchte ein Medusenhaupt‹ sein«, wiederholt Celan, »um … das Natürliche als das Natürliche mittels der Kunst zu erfassen!«[45] Der Gedanke beinhaltet, und dazu passen die menschlichen Automaten und der wie ein Mensch drapierte Affe, am besten aber ohne Frage das Medusenhaupt, »etwas Unheimliches«.[46] Er kreist um jenen »Bereich«, »in dem die Affengestalt, die Automaten und damit … ach, auch die Kunst zuhause zu sein scheinen.«[47]

Doch entdeckt Celan neben diesem auch noch etwas zweites, was ihm sehr zu denken gibt, im Büchnerschen Werk; er findet es an zwei verschiedenen Orten – zum einen am Ende von *Dantons Tod*. Die Revolutionäre, unter ihnen Danton selber, sind zum Revolutionsplatz, zur Guillotine gekarrt worden. Und bevor sie dort hingerichtet werden, wovon man nur indirekt er-

42 Büchner (1974), S. 131.
43 Celan (1999): *Der Meridian*, S. 2.
44 Büchner (1974), S. 87.
45 Celan (1999): *Der Meridian*, S. 5.
46 Ebd.
47 Ebd.

fährt, haben sie alle noch »*kunst*reiche Worte [...] an den Mann [H. v. m.]«[48] zu bringen. Auf der Bühne bleibt schließlich, neben namenlosen Bürgern und Henkern, nur noch Lucile, die Geliebte des ebenfalls soeben hingerichteten Camille zurück, und sie, die »Kunstblinde«, wie Celan sagt, setzt in diesem Moment all dem, und damit auch aller Kunst und Künstlichkeit, jenes andere »mit ihrem plötzlichen ›Es lebe der König!‹«[49] entgegen. Und dazu Celan: »Nach allen auf der Tribüne (es ist das Blutgerüst) gesprochenen Worten – welch ein Wort! Es ist das Gegenwort«, ein »Akt der Freiheit«, ein »Schritt«; gehuldigt werde »hier der für die Gegenwart des Menschlichen zeugenden Majestät des Absurden«;[50] und das sei, auch wenn es »keinen ein für allemal feststehenden Namen« dafür gebe, es sei, so glaube er, »... die Dichtung«.[51] Sie also als das Gegenwort auch zur Kunst, als etwas, das etwas ganz anderes sei, doch auch sie, nur in anderer Weise, man denke nur an die absehbaren Folgen des von Lucile ausgerufenen Worts und die letzte Regieanweisung des Stücks (»Sie wird von der Wache umringt und weggeführt«),[52] etwas »Unheimliches«, etwas Abgründiges. Und ein solches, abgründiges, Gegenwort – es wird von Celan ja sogar mit diesem Begriff ausdrücklich in Verbindung gebracht – entdeckt er nun auch in Büchners Erzählung und zwar dort in eben jenem Bedauern, das dem durchs Gebirg wandernden Lenz im Text unterstellt wird, dem Bedauern, »daß er nicht auf dem Kopf gehn konnte«. Für Celan kommt es Luciles »Es lebe der König!« gleich, ist es ein ebensolcher »Schritt«[53] wie der, den sie tat, oder sogar noch einer mehr:

> Lenz – das heißt Büchner – ist hier einen Schritt weiter gegangen als Lucile. Sein »Es lebe der König« ist kein Wort mehr, es ist ein furchtbares Verstummen, es verschlägt ihm – und auch uns – den Atem und das Wort.
>
> Dichtung: das kann eine Atemwende bedeuten. Wer weiß, vielleicht legt die Dichtung den Weg – und auch den Weg der Kunst – um einer solchen Atemwende willen zurück? Vielleicht gelingt es ihr, da das Fremde, also der Abgrund *und* das Medusenhaupt, der Abgrund *und* die Automaten, ja in einer Richtung zu liegen scheint, – vielleicht gelingt es ihr hier, zwischen Fremd und Fremd zu unterscheiden, vielleicht schrumpft gerade hier das Medusenhaupt, vielleicht versagen gerade hier die Automaten – für diesen einmaligen kurzen Augenblick? Vielleicht wird hier, mit dem

48 Ebd., S. 3.
49 Ebd.
50 Ebd.
51 Ebd., S. 4.
52 Büchner (1974), S. 75.
53 Celan (1999): *Der Meridian*, S. 7.

> Ich – mit dem *hier* und *solcherart* freigesetzten befremdeten Ich, – vielleicht wird hier noch ein Anderes frei?[54]

Der »Abgrund *und* das Medusenhaupt, der Abgrund *und* die Automaten« – bezieht man mit ein, dass Medusenhaupt und Automaten etwas erklärtermaßen Unheimliches innewohnt, dann ließe sich für beides auch sagen: Abgrund *und* Abgrund, nämlich zwei, die gar nicht so weit voneinander entfernt, weil jedenfalls »in einer Richtung« liegen – hat doch die »Dichtung« »den Weg der Kunst«[55] zu gehen. Und wenn bei der so evozierten Vorstellung von den zweierlei Abgründen, die einen Bezug zueinander haben, wieder jener Psalm 41 bzw. 42,8 in den Sinn kommen mag, in dem ebenfalls von zwei Abgründen die Rede ist: »abyssus abyssum invocat«, »Der Abgrund ruft den Abgrund«, dann erscheint mir diese Gedankenverbindung hier nicht ganz abwegig. Für Tauler sind diese Abgründe in seinen Predigten ein Bild für die Weise, in der *Mensch* und *Gott* zueinander finden, in der sie letztlich sogar »ein eynig ein«[56] werden können. Und dieser sehr dynamischen Opposition durchaus vergleichbar, so scheint mir, steht für Celan dem einen als der Kunst mit ihren vom Menschen gemachten »hölzernen Copien« und »Automaten« der »Himmel als Abgrund«, der »Himmel und seine[ ] Abgründe« als ein jenseitiges anderes gegenüber, zu dem die Dichtung aber vielleicht hinüberzureichen vermag. Denn »zu den Hoffnungen des Gedichts gehört« von jeher, so die nachdrückliche Formulierung, »*in eines Anderen Sache* zu sprechen – wer weiß, vielleicht in eines *ganz Anderen* Sache.«[57]

Auf den Abgrund, und auch hier ist es noch einmal derjenige, in den der auf dem Kopf gehende Lenz (vielleicht gerne) blicken würde, trifft man schließlich noch ein drittes und letztes Mal in der Rede, doch ist es hier schon im Rahmen eines von Celan gezogenen Fazits:

> Zweimal, bei Luciles »Es lebe der König«, und als sich unter Lenz der Himmel als Abgrund auftat, schien die Atemwende da zu sein. Vielleicht auch, als ich auf jenes Ferne und Besetzbare zuzuhalten versuchte, das schließlich ja doch nur in der Gestalt Luciles sichtbar wurde. Und einmal waren wir auch, von der den Dingen und der Kreatur gewidmeten Aufmerksamkeit her, in die Nähe eines Offenen und Freien gelangt. Und zuletzt in die Nähe der Utopie.[58]

54 Ebd., S. 7.
55 Ebd., S. 6.
56 Tauler (1522), Blatt 89r.
57 Celan (1999): *Der Meridian*, S. 8.
58 Ebd., S. 11.

Ab- oder andere –gründe begegnen daraufhin nicht mehr im Text, doch sind dafür einige noch in Celans Notizen und Entwürfen zum »Meridian« zu finden, die aber eben nicht mehr in die Endfassung gelangten. So hat sich Celan zu »Gedicht« und »Grund« in offenbar kurzer zeitlicher Abfolge die nachstehenden drei Reflexionen notiert: »Das Gedicht hat, wie der Mensch, keinen zureichenden Grund.« »Das Gedicht hat Gründe – und diese Gründe verbirgt es uns nicht; das Gedicht und des Gedichtes Gründe aber haben keinen zureichenden Grund […].«[59] »Das Gedicht hat seinen Grund in sich selbst; mit diesem Grund ruht es, wie der Mensch, im Grundlosen.«[60] Zum Abgrund wurde die Notiz, dass es sich beim Abgründigen »tatsächlich« um das »Bodenlose«[61] handle, in einer Fußnote bereits zitiert. Eine weitere Eintragung dazu lautet: »Vorbereitung: Das Übertragen von Gedichten ist eine Übung in diesem Sinn: es geschieht über die Abgründe der Sprachen hinweg: das Einende ist der Sprung.«[62] Und in diesen inhaltlichen Zusammenhang passt zudem wohl das Folgende: »Freilegung – Entdeckung – des Abgrunds zwischen Zeichen und Bezeichnetem«.[63] Zwei weitere Notizen gehören in den Umkreis des dem Büchnerschen Lenz zugesprochenen Gegenworts: »Abgrund: die Dichtung – sie hat nicht, wie Camille sich […] mokiert; sie ist Konsequenz – […] wer auf dem Kopf zu gehn gedenkt, weiß, daß er dann den Himmel als Abgrund unter sich hat.«[64] »Wenn es wahr ist, daß es auch vom Himmel her eine Beziehung zum Menschen gibt, so kann ihm diese neue Zuwendung ja nur willkommen sein – als Abgrund des Menschen lebt er ja fort. –«[65] Außerdem: An die von ihm ansonsten nicht weiter kommentierte Verknüpfung »Pascal – Abgrund« fügt Celan wohl als eine Art inhaltlicher Präzisierung »Aug-in-Aug mit dem Nichts«[66] an. Und schließlich gibt es in den erhaltenen Materialien noch eine sehr bemerkenswerte Zusammenstellung von Begriffen, eine kleine Liste, in denen der Abgrund als einer von insgesamt vier –gründen erscheint:

59 Ebd., S. 88.
60 Ebd., S. 89.
61 Ebd., S. 92.
62 Ebd., S. 125.
63 Ebd., S. 93
64 Ebd., S. 175.
65 Ebd., S. 89.
66 Ebd., S. 91.

? Wesensgrund
? Abgrund
Urgrund
? Ungrund[67]

In ihrer Knappheit lässt die Aufzeichnung Raum für mancherlei Spekulation. Unstrittig dürfte aber zumindest sein, im Kontext welcher Überlegungen Celan sich die vier Begriffe notiert hat. In den Vorarbeiten zu seiner Rede ist auch *ihr* Ort gewiss irgendwo innerhalb des Bogens zu suchen, der sich spannt vom abgründigen Himmel bis zu dem im »Grundlosen« ruhenden Gedicht. Was aber sollen die drei vorangestellten Fragezeichen? Sind sie als Hinweis darauf zu verstehen, dass Celan in Erwägung zog, den »Abgrund« durch die Hinzusetzung eines (oder mehrerer) der drei anderen -gründe in seinem semantischen Spektrum in eine bestimmte Richtung hin zu erweitern (oder auch zu verengen)? Und ist die Anordnung der Begriffe zufällig oder sind sie mit Bedacht gerade in dieser Reihenfolge gesetzt? Eine Entwicklung wäre im Nacheinander der vier jedenfalls auszumachen – von einem, sozusagen, festen Halt bietenden und genau lokalisierbaren, weil mitten im Innern einer Sache gelegenen Grund, dem »Wesensgrund«, hin zum »Ungrund« als zu einem völlig unbestimmten oder eigentlich ja überhaupt nicht vorhandenen.

Der »Urgrund«, den Celan zwischen diesen beiden Endpunkten auf den »Abgrund« in seiner Aufstellung folgen lässt, geht offenkundig nicht auf den Urgrund der Schellingschen Freiheitsschrift zurück. An einer zweiten Stelle, an der er in den Materialien zur Rede begegnet, heißt es, auf eine Seite aus Bubers *Ich und Du* verweisend: »(Buber über Buddha): Das Dusagen zum Urgrund«.[68] Und der »Ungrund«? Es ist dies, soweit ich sehe, die erste Erwähnung dieses Begriffs in den Schriften Celans, doch ist allein sie schon als hinreichender Beleg dafür zu nehmen – man wird das bei Celans Sorgsamkeit im Umgang mit Wörtern als selbstverständlich voraussetzen können –, dass er sich mit Jacob Böhme auseinandergesetzt hat. Einen weiteren Hinweis auf Böhme gibt es in den Notizen zur Rede allerdings nicht. Und allgemein zur christlichen Mystik findet sich dort nur eine einzige Anmerkung. Ohne Anführungszeichen, aber durch das originale Mittelhochdeutsch dennoch sofort als Zitat erkennbar, heißt es da: »Du solt minnen das niht, du solt vliehen

67 Ebd., S. 89.
68 Ebd., S. 193. Zu dieser Notiz findet sich bei Janz (2018) folgende Fußnote, die allerdings vor allem freilich ein Forschungsdesiderat benennt: »Abgrund und Urgrund gehen bei Celan – was im Detail noch zu klären wäre – offensichtlich ineinander über.« (S. 30)

daz iht«.[69] Es handelt sich, wie auch dem Kommentar der Herausgeber des Bandes zu entnehmen ist, um einen Satz aus dem *fließenden Licht der Gottheit* von Mechthild von Magdeburg. Die Aufforderung mag unmittelbar an die schon zitierte Aufzeichnung zu »Pascal – Abgrund«, nämlich »Aug-in-Aug mit dem Nichts« erinnern; da es sich hierbei indes um einen Grundgedanken der christlichen Mystik handelt, ließen sich parallele Aussagen freilich auch von Eckhart oder Tauler heranziehen und dem an die Seite stellen, oder eben auch von Böhme, bei dem sich die von Mechthild geforderte Liebesbeziehung, »Du solt minnen das niht«, im *Mysterium Magnum* ja folgendermaßen formuliert fand: »wann sich […] der Seelen-Wille aus der Creatur ausgiebet, und in Ungrund ersincket, so ist sie wieder als ein neues Kind, denn der Ungrund im ewigsprechenden Worte, daraus sich die höchste Liebe und Gnade GOttes hat offenbaret, ergreiffet sie, und dringet in sie ein«.[70]

Ernst Meisters Ungrund-Gedicht

Bevor Paul Celan im Juli 1969 sein Gedicht »Eingeschossen« schrieb, in dem das letzte Wort, auf das der Text zuläuft, »Ungrund« lautet, hatte Ernst Meister eines mit diesem – auch von ihm sehr signifikant gesetzten – Wort bereits veröffentlicht. Das titellose Gedicht, in dem es steht, ist das erste des im Februar 1968 erschienenen Bandes *Zeichen um Zeichen*:

Hier – wie
leb ich so lang,
vom Himmel,
scheinender Schale, umgrenzt,
welche die Torheit
gedeihn läßt
allgemein auf der Fläche.

Nicht erhaben die Stelle.
Irdisch, im
Abergrund Ungrund
tut die Arbeit ein Stern.

Wie er kreist und
sich dreht,

69 Celan (1999): *Der Meridian*, S. 122.
70 Böhme: *Mysterium Magnum* (P VIII), S. 631 (Cap. 60, Abs. 33 f.). Vgl. das Kapitel »Ungrund und Tod«.

stehn und schaun meine Augen,
seit kurzem
minder erstaunt.[71]

Auffällig ist auch hier wieder die Einbindung des Begriffs in einen kosmischen Zusammenhang. So wie bei Celan die Abgründe kommt in Meisters Gedicht der »Abergrund Ungrund« in Nachbarschaft zu »Stern« und »Himmel« zu stehen, zu denen von ihm aus auch inhaltlich ein enger Bezug zumindest nahegelegt erscheint. Dem kreisenden und sich drehenden Stern bietet der Ungrund den für seine »Arbeit« nötigen Raum, und mit dem Himmel, aber dies ist schon mehr Auslegung, als dass es sich vergleichbar stringent aus der Anlage des Textes ergibt, könnte er – der Raum um die Sterne – als eines zusammengedacht werden, wobei in diesem Fall die beiden Namen sehr verschiedenen Blickwinkeln oder Assoziationen geschuldet wären. Gut möglich etwa, dass der Betrachtende den Himmel deshalb als eine »scheinende[ ] Schale« wahrnimmt, weil ihm bei seinem Anblick jener bekannte Holzstich aus dem 18. Jahrhundert in den Sinn kommt, auf dem ein Mensch – gedacht ist an *den* Menschen der Renaissance oder Frühen Neuzeit – mit seinem Kopf das ihn umschließende Himmelsgewölbe, seine Umgrenzung durchstößt. Doch würde dieses Bild, wenn der Hinweis auf die Schale tatsächlich von ihm inspiriert worden ist, in seiner Aussage, in seiner aufklärerischen Feier des menschlichen Erkenntnisdrangs durch die nachfolgenden Verse zumindest sehr in Frage gestellt. Denn nicht auf die Fortschritte in der Wissenschaft oder gar eine unterstellte allseitige Weiterentwicklung der Menschen richtet sich der anschließende Gedanke, sondern auf die allgemein gedeihende und damit nach wie vor regierende »Torheit«[72] der vielen umgrenzt bleibenden. Dass sich derjenige, der ebendas »auf der Fläche« um sich herum registriert, hiervon selber nicht unbedingt ausnimmt, geht bereits aus der sonderbaren Fügung hervor, die er dann in der zweiten Strophe für die Himmelssphäre als für die Schale über der Fläche wählt. »Abergrund Ungrund«, das ist, wenn schon der Ungrund allein für eine Sache steht, die das Vorstellungsvermögen des Menschen übersteigt, gleichsam ein verdoppeltes Mysterium. Und so wie in seiner kosmisch-religiösen Bedeutung der Ungrund (sehr wahrscheinlich) eine Wortschöpfung Böhmes ist, so gilt für Ernst Meister dasselbe mit seinem Abergrund. Dass dieser Begriff vergleichsweise fast mehr noch bereits in sich ein Rätsel darstellt, hängt damit zusammen, dass schon das Präfix »aber« nicht

71 Meister (1968): *Zeichen um Zeichen*, S. 7.

72 In ihrer Auslegung des Gedichts verweist Stephanie Jordans (2009) in Zusammenhang mit diesem Begriff auf die Bibelstelle 1 Kor. 1,20–25, wo es heißt: »Hat Gott nicht die Weisheit der Welt als Torheit erwiesen?« (vgl. S. 215).

eindeutig ist. Ist dasjenige in Abergrund eher als »wieder« zu verstehen wie in »abermals« oder eher ein »wider/gegen« wie in »aberwitzig«? Und steckt in *Aber*grund nicht als drittes vielleicht auch noch der *Ab*grund? So dass wir hier eine ähnliche Konstellation hätten, wie es das Grimmsche Wörterbuch für Abgott und Abergott belegt. Denn »ABERGOTT [...] *braucht* PARACELSUS [...] *entweder für* abgott, *oder* obergott, *über gott selbst gestellten gott*: du machst dir in deiner fantasei ein abergott [...].«[73]

Weniger Rätsel, nämlich nur die bekannten, gibt demgegenüber der »Ungrund« auf. Dass sein Einbezug auf die Lektüre Böhmes zurückgeht,[74] legt Meister selber in seinen Schriften durch einige knappe Hinweise auf seine Beschäftigung mit Böhme nahe. So lautet einer seiner »zum größten Teil 1948 entstandenen ›Gedanken eines Jahres‹«[75]: »Der Sonnenglanz und die Wolke: Ewiger Glanz, der sich am Trüben bricht. Ohne das Trübe wäre der Glanz der Sonne eben nicht Glanz. Das wußte auch schon Jakob Böhme.«[76] Und speziell zur Wortfolge »Abergrund Ungrund« heißt es im Kommentar der kritischen Ausgabe der Gedichte: »Die ungewöhnliche Fügung ist auch anzutreffen in einer Aufzeichnung von Dieter Bänsch, die ein Gespräch mit Ernst Meister rekapituliert: Unser ganzes Bewußtsein ist eingestellt auf ein kosmisches Milieu. Den Abergrund Ungrund kann unser Bewußtsein gar nicht begreifen. (Dieter Bänsch: Aufzeichnung vom 1.2.1966 [...])«[77] Die Notiz ist nicht nur deshalb aufschlussreich, weil sie bezeugt, dass die mit dem Böhmeschen Begriff aufgeworfenen Fragen für Meister solche waren, die ihn nachhaltig beschäftigten, vielleicht sogar, wenn sie ein Thema bei Gesprächen mit Freunden bildeten, die ihn umtrieben. Sie scheint darüber hinaus, spannt man von ihr den Bogen zur Schlussaussage des Gedichts, auf eine stattgehabte Entwicklung hinzudeuten, nämlich darauf, dass die Reflexion über das Thema einen Erkenntnisprozess initiierte. Vom »Abergrund Ungrund«, der »gar nicht« begriffen werden könne, führte der Weg – und vielleicht war die auf ihm inzwischen zurückgelegte Strecke ja überhaupt der Auslöser für das Gedicht – zum Anblick des in ihm sich bewegenden Sterns und der dabei »seit kurzem« an sich zu beobachtenden Veränderung, dass die Augen »minder erstaunt« schauten.

73 Grimm (1984), Band 1, Sp. 32 f.

74 »Jakob Böhme wird mit seinen Überlegungen zum ›Ungrund‹ zitiert.« (Stephanie Jordans [2009]), S. 215)

75 Meister (1989): *Prosa 1931 bis 1979*, S. 361.

76 Ebd., S. 152.

77 Meister (2011): *Gedichte*, Band 5, S. 321.

Dass Paul Celan das Gedicht kannte, ist möglich, aber nicht sicher. Die Verbindung zu Ernst Meister war nicht besonders eng und auch nicht frei von Ressentiments. Von Seiten Meisters war, vor allem dem Spätwerk Celans gegenüber, eine eher kritische Haltung bestimmend, wie sie Ewout van der Knaap anhand einiger despektierlicher Kommentare zu einzelnen Gedichten überliefert. Allgemein konstatiert er: »Meisters Haltung Celan gegenüber erweist sich als [...] problematisch, nicht zuletzt da seine Kritik am Spätwerk sich kaum von den harschen Urteilen der Zeitgenossen unterscheidet und Meister zu unterschätzen schien, wie sehr das Brandmal des radikalen Antisemitismus sich auf Celans Leben und Poetik ausgewirkt hat.«[78] In seiner Lyrik setzte sich Meister mit Celan vor allem nach dessen Tod und dabei vor allem auch *mit* diesem Tod auseinander, so etwa in dem titellosen Gedicht, dessen erster Vers lautet »(Die Flüsse allerdings«. Es erschien im August 1972 in dem Band *Sage vom Ganzen den Satz*:

(Die Flüsse allerdings
von niemand,
das Meer noch minder
je auszutrinken)

Geborgen. Dein
fetter Mann, gern
essend in Frankreich, sondern
sein Fleisch
gesättigt mit Wasser, Aas,
weiß blühend, Algen
zur einen Rose, der
»Wahrheit selbst«.[79]

Das unmittelbar nachfolgende Gedicht greift dasselbe Motiv noch einmal auf:

Wer denn hat diesen
Von brüchigen Stegen
gesprungenen Menschen
gefischt, den dieser
Wortzeit?

[...][80]

78 Knaap (2016), S. 61.
79 Meister (2011): *Gedichte*, Band 3, S. 106.
80 Ebd., S. 107.

Über den Verlauf des Verhältnisses, oder besser wohl, der gegenseitigen Wahrnehmung der beiden Literaten gibt der Kommentar der kritischen Edition folgende Auskunft: »Meister und Celan kannten sich persönlich seit Oktober 1957 […] und waren sich in der Folge einige Male begegnet. In den ersten Entwürfen zum Gedicht [(Die Flüsse…] kommt ausdrücklich die letzte Begegnung in Bonn bzw. Bad Godesberg zur Sprache [»neulich in Bonn/ noch nah sein Gesicht gesehn«][81] (wohl am 4. Juli 1969 bei einem Treffen in größerem Kreis auf der Godesburg nach einer Bonner Lesung Celans aus seinen Übersetzungen)«.[82] Namentliche Erwähnungen Meisters gibt es in Celans Briefen kaum.[83] Zum Teil mag es damit zusammenhängen, dass auch er im Zuge der Goll-Affäre in Ungnade fiel. Im Entwurf zu einem Brief an Heinrich Böll, den er aber nicht absandte, schreibt Celan: »Wer weiss, vielleicht bekomme ich sogar drei erstklassige […] Leichenbegängnisse auf einmal. Und gehe als hochbegabter und deshalb auf mildernde Ums,ände [!] Anspruch habender Plagiator aller derer, die mich bestohlen und geschröpft haben […].«[84] Barbara Wiedemann erläutert die Formulierung »Plagiator aller derer« so: »Tatsächlich hatte sich C. Goll bei ihren Nachlaßbearbeitungen an Celans *Der Sand aus den Urnen* orientiert und dadurch Ähnlichkeiten hergestellt […] Zu diesem Zeitpunkt bezog Celan jedoch weitere Personen in derartige Vorwürfe ein, etwa Bachmann, die sich in ihren Gedichten mit denen Celans auseinandersetzte, aber auch K. Demus, Jokostra, E. Meister, Krolow, Bobrowski und den Jessenin-Übersetzer Dedecius«.[85]

So bleibt, was sich hier zu Celan und Meister und ihrer beider Verwendung des Begriffs Ungrund festhalten lässt, als einziges, dass sich nachweislich zwei Lyriker in zwei sich überschneidenden Zeiträumen (Celan zwischen 1960 und 1969, Meister zwischen 1966 und 1968) mit ihm auseinandergesetzt haben. Ausgeschlossen ist dabei, trotz aller Differenzen, freilich nicht, dass Celan Meisters lyrische Reflexion über den Ungrund nicht nur zur Kenntnis nahm, sondern sich durch sie zu eigenen Überlegungen anregen ließ. Vielleicht ja, dass das Gedicht ihn veranlasste, sich seiner diversen Versuche zu

81 Vgl. Knaap (2016), S. 67.

82 Meister (2011): *Gedichte*, Band 5, S. 401. Barbara Wiedemann fasst das Verhältnis so zusammen: »Eher sporadisch sind, um den Überblick auf das Rheinland zu beschränken, die Beziehungen zu Ernst Meister in Hagen, wohl eine Bekanntschaft der 1960er Jahre« (Celan [2011]: *Briefwechsel mit den rheinischen Freunden*, S. 448).

83 An seine Frau schreibt Celan in einem Brief vom November 1964 ohne weitere Angaben zum erwähnten Treffen: »ich habe zusammen mit Schallück Ernst Meister in Hagen besucht« (Celan/Celan-Lestrange [2001]: *Briefwechsel*, Band 1, S.165)

84 Celan (2011): *Briefwechsel mit den rheinischen Freunden*, S. 368 f.

85 Ebd., S. 670.

Abgrund und Ungrund im Kontext seiner Ausarbeitung der *Meridian*-Rede zu entsinnen und, nach Jahren einschneidender Geschehnisse und in einer veränderten Lebenssituation, den für ihn, wie er merkte, bedeutsam gebliebenen oder durch die Umstände oder neu gewonnene Einsichten wieder bedeutsam gewordenen Begriff in seine poetischen Aussagen einzubinden.

Paul Celan und Jacob Böhme

Anzeichen einer Beschäftigung mit Böhme sind in Celans lyrischem Werk noch weniger auszumachen als bei Ernst Meister.[86] Neben dem Begriff des Ungrunds gibt es in seinen Gedichten keinen zweiten, der, wie in Schellings Freiheitsschrift Begriffe wie »Turba«,[87] »falsche Imagination«,[88] »verzehrende[r] Grimm«[89] oder »Centr[um] der Natur«,[90] unzweifelhaft oder doch wenigstens mit großer Wahrscheinlichkeit seine Herkunft aus Böhmes Wortschatz verrät.[91] So ist zwar auch, wie in Novalis' Böhme-Gedicht »An Tieck«, das Wort »Aurora« in einem seiner Gedichte enthalten – kein Wort, das Böhme selber verwendet hat, aber als bekannt gewordene Latinisierung seiner Erstschrift *Morgen Röte im auffgang* verbindet es sich ganz unmittelbar mit seinem Namen –, doch lässt der Kontext keinen Zweifel daran, dass es hier nicht, zumindest in dem, was offen zutage liegt, um einen Verweis auf Böhme geht. Der entsprechende Vers aus dem Gedicht »In eins« aus dem

86 Anders verhält es sich da bekanntermaßen mit Celans Meister Eckhart-Lektüre. Zwei Gedichte aus dem Band *Lichtzwang* (»Treckschutenzeit« und »Du sei wie du«) enthalten nicht nur zweifelsfrei identifizierbare, sondern als solche zum Teil auch kenntlich gemachte Zitate. Vgl. dazu etwa Festiner (2000), S. 317–21 sowie Pöggeler (1987), S. 289.

87 Schelling (2011), S. 52.

88 Ebd., S. 62.

89 Ebd., S. 75.

90 Ebd., S. 37.

91 Bei weniger eindeutig auf Böhme zurückzuführenden Termini ist ein solcher Zusammenhang freilich nicht auszuschließen. So ist es für Werner Hamacher (1988) »nicht ohne Belang, daß in den mystischen Spekulationen Jacob Boehmes, deren einige Celan bekannt gewesen sein mögen, die *Matrix* [H. v. m.] eine hervorragende Bedeutung beansprucht [vgl. dazu etwa hier im Text die »Jungfräuliche Matrix« im Zitat S. 52]« (S. 123). Hamacher selbst verweist »insbesondere« auf die Kapitel 5–13 der *Drei Prinzipien*-Schrift. Zusammen mit dem Begriff »Radix« steht die Matrix im Titel eines der (hier auf S. 59 auszugsweise zitierten) Gedichte aus dem Band *Die Niemandsrose.*

Band *Die Niemandsrose* lautet: »Im Eislicht des Kreuzers ›Aurora‹«,[92] und bezieht sich damit auf das diesen Namen tragende Schiff, das mit einem im Oktober 1917 abgegebenen Signalschuss zum Symbol für den Beginn der russischen Revolution werden sollte. Und weil durch eine solche Eindeutigkeit der Aussage der Gedanke an die Böhme-Schrift bestenfalls nebenbei noch im Namen mitschwingt, scheint es auch wenig bedeutsam, dass im unmittelbar nachfolgenden Gedicht ein weiterer ebenfalls markanter Begriff begegnet, der in Böhmes Werk (aber eben auch er nicht nur dort) zu den eminenten zählt. Die letzten vier Verse des Gedichts »Hinausgekrönt« lauten:

> Und wir schicken
> keinen der Unsern hinunter
> zu dir,
> Babel.[93]

»Babel«, die »große Stadt auf Erden«,[94] auf die Celans Rede im Gedicht, auch sie hier eine persönliche Anrede, als letztem Wort ähnlich zuläuft wie im Gedicht »Eingeschossen« auf den »Ungrund«, wird allein im ausführlichen Titel von Böhmes *Gründlichem Bericht*, dem Text, der mit dem Satz beginnt: »Der Ungrund ist ein ewig Nichts«, dreimal mit Namen genannt.[95] Dass Celan bei seiner Verwendung des Worts derlei im Blick gehabt haben könnte, darauf deutet im Gedicht indes ansonsten nichts hin. Mit Komponenten wie »Berenikes Haupthaar«, »Exil«, »Ghetto-Rose« und »wir sangen die Warschowjanka« sowie der zweimaligen Anrufung Petrarcas weist der Text inhaltlich in verschiedenerlei Richtung, wobei aber keiner der Wege, der einer dieser Richtungen folgt, zurück zur frühneuzeitlichen Mystik führt. Auch zusammengenommen sprechen »Aurora« und »Babel« daher nicht für eine bei ihrem Einbezug mitbedachte, noch so dezente Anspielung auf das Werk Jacob Böhmes. Und ähnlich verhält es sich wohl auch mit dem nachstehenden Gedicht aus *Schneepart*:

> WARUM AUS DEM UNGESCHÖPFTEN,
> da's dich erwartet, am Ende, wieder
> hinausstehn? Warum,
> Sekundengläubiger, dieser
> Wahnsold?

92 Celan (2003): *Die Gedichte*, S. 153.

93 Ebd., S. 155.

94 *Ein gründlicher Bericht von dem irdischen Mysterio*, S. 3.

95 Vgl. ebd.

Metallwuchs, Seelenwuchs, Nichtswuchs.
Merkurius als Christ,
ein Weisensteinchen, flußaufwärts,
die Zeichen zuschanden-
gedeutet,

verkohlt, gefault, gewässert,

unoffenbarte, gewisse
Magnalia.[96]

Was hier den mit der Böhme-Biographie ein wenig Vertrauten vor allem an Böhme denken lässt, ist der mittlere, der siebte der insgesamt dreizehn Verse des Gedichts: »Merkurius als Christ«.[97] Eine derartige Ineinssetzung hergestellt zu haben, war nämlich einer der Vorwürfe des Görlitzer Pfarrers, auf den Böhme in seiner »APOLOGIA, Oder Schutzrede zu gebürlicher ablehnung« von Richters »schmehe kartten«[98] mit einer schon im Kapitel über den »nichtigen Ungrund« zitierten Erwiderung so reagiert: »ihr habet da eine langet zeit mit vngrunde auff mich getichtet / vnd mir meine schrifften mit frembden verstande angezogen / vnd auff der Cantzel gesaget / Ich hette geschriben / der Sohn Gottes wehre aus quecksilber gemacht / Das sollet ihr beweisen / oder sol ewig eine vn warheit bleiben«.[99] Böhmes Empörung ist hier durchaus verständlich, denn so, wie Richter ihn demnach auf der Kanzel zitierte, hat er es in der Tat nie formuliert; setzt man nun allerdings für das Wort Quecksilber den – mit der chemischen Substanz, mit der bloßen Materie freilich nicht einfach gleichzusetzenden – alchemischen Terminus Mercurius, dann verhält

96 Celan (2003): *Die Gedichte*, S. 325 f.

97 Unter der Überschrift »Merkurius als Christ« widmet sich in seinem Buch *Celan und die Mystiker* auch Joachim Schulze (1976) diesem Gedicht, allerdings sieht er in ihm nur ein Beispiel für Celans Auseinandersetzung mit der Alchemie. Und auch ansonsten stellt er in seinem Buch keine unmittelbaren Korrespondenzen zwischen Böhme und Celan fest; eine mögliche Beeinflussung zieht er nur als eine – über die Lektüre der Schriften von Novalis – vermittelte in Betracht: »Auf Grund solcher Entsprechungen könnte man versucht sein, einen Einfluß Böhmes auf die *Hymnen an die Nacht* anzunehmen.« (S. 68) – »Die vier Phasen des Wegs nach innen, wie sie sich in den *Hymnen an die Nacht* feststellen lassen, kehren nun, wie mir scheint, in einem Gedicht von Celan in zwar nicht völlig gleicher, aber doch vergleichbarer Form wieder.« (Ebd.) Das Gedicht, auf das Schulze anspielt, stammt aus der *Niemandsrose* und beginnt mit den Worten »Mit allen Gedanken«.

98 Böhme: *APOLOGIA*, S. 251.

99 Ebd., S. 256.

es sich nicht ganz so eindeutig. Dazu ein Zitat aus *Von der Geburt und Bezeichnung aller Wesen*:

> Also ist auch der Proceß der Weisen mit dem Edlen Steine: diesem ist nicht näher nachzusinnen, als gleichwie das ewige Wort, als der himmlische, Göttliche Mercurius, in der Göttlichen Kraft ist Mensch worden, und den Tod ertödtet, und den Zorn in Menschen, als den Mercurium in die Göttliche Freudenreich gesetzet hat, da ihme der menschliche Mercurius, der zuvoren in GOttes Zorn, als in Todes=Qual verschlossen lag, wieder mit seiner neu=entzündeten Begierde, welche nun Glauben im H. Geist heisset, Göttliche Wesenheit, als Christi Leib, in sich zeucht [...].[100]

Die von Celan gebildete Ellipse könnte mit diesen oder ähnlichen Ausführungen zum Mensch gewordenen göttlichen Mercurius ohne weiteres in Verbindung gebracht werden, sie könnte prinzipiell sogar daraus hergeleitet sein. Dann hätte sich Celan vornehmlich auf den – spirituellen – Alchemiker Böhme bezogen; und hat man sich einmal auf diese Fährte begeben, lassen sich weitere Indizien für eine solche Hypothese unschwer im Gedicht ausmachen, so vor allem der auf »ein Weisensteinchen« reduzierte »Edle Stein« oder auch, aber das würde das eben eingeengte Blickfeld schon wieder erweitern, der zum Titel erhobene Eingangsvers »Warum aus dem Ungeschöpften«. Denn als das Ungeschöpfte, das einen »am Ende« erwartet, kann schließlich auch Böhmes Ungrund gelten, so dass das Gedicht, wäre es tatsächlich in diesem Sinne gemeint, zu einem weiteren »Ungrund-Gedicht« würde, das mit dem anderen, also dem unstrittigen, überdies noch eine sehr besondere parallele Konstruktion gemeinsam hätte: »Metallwuchs, Seelenwuchs, Nichtswuchs« – »Larvenschlupf, Sternschlupf« ...

Nun spricht aber einiges sehr Gewichtige gegen eine solche Interpretation. Zum einen: Das Fazit »Die Zeichen zuschanden-/ gedeutet« kann kaum anders als eine massive Kritik gelesen werden, und sollte diese gegen Böhme gerichtet sein, dann hätte Celan sich aus der Fülle des von Böhme thematisch Bearbeiteten mit der Alchemie einen Bereich herausgegriffen, der den so Kritisierten doch eher nur am Rande beschäftigte. Böhme war, auch wenn derlei Spekulationen und auch Anleitungen sich immer wieder in seine Schriften eingestreut finden, kein Exponent alchemischer Forschungsarbeit; als solche könnten eher zahlreiche unter seinen – im Unterschied zu ihm auch – laborierenden Zeitgenossen angesprochen werden, und soweit Celans Kritik überhaupt einer einzelnen Person oder einer Personengruppe gilt, kämen sie sehr weit mehr dafür in Betracht als er. Vor allem aber: Dadurch, dass Celans philosophische Bibliothek inzwischen auf Lesespuren hin gesichtet worden

100 Böhme: *Von der Geburt und Bezeichnung aller Wesen* (P VI), S. 63 (Cap. 7, Abs. 26).

ist, lässt sich das Gedicht mit einiger Sicherheit einer bestimmten Lektüre, nämlich zwei Kapiteln aus Ernst Blochs *Prinzip Hoffnung* zuordnen. Das vermerken in ihrem Kommentar auch die Herausgeber des Verzeichnisses. So findet sich von Celan im Kapitel »Andreäs ›Chymische Hochzeit Christiani Rosenkreutz anno 1459‹« der Satz markiert: »Immer wieder lief so die Rosenkreuzerei auf eine Art zweites Stockwerk der Alchymie heraus; der Stein der Weisen in der Chymischen Hochzeit war zugleich der Eckstein Christus.«[101] In einem der nachfolgenden Kapitel ist ein Zitat aus der *Nova Atlantis* Francis Bacons unterstrichen, das Celan offensichtlich den wesentlichen Anstoß zur Gestaltung der beiden Schlussverse seines Gedichts gab: »Magnalia naturae«, »Großtaten der Natur«.[102] Und angestrichen ist schließlich auch noch, zuvor, eine Passage um den Begriff Mercurius. Bei Bloch heißt es da: »Das Stichwort zu all dieser Vergötterung des Steins und dessen, was er bringt, hat aber *Marsilio Ficino* gegeben, der Neuplatoniker der Renaissance; bei ihm finden sich alle die späteren Allusionen und Transparenzen zuerst. So noch zögernd verhüllt in einer halb gnostischen ›Theologia Platonica‹, so offen im Traktat ›De arte chimica‹, wie folgt: ›Die Jungfrau ist Mercurius, von hier wird uns der Sohn geboren, das ist der Stein, durch dessen Blut die berührten unteren Körper in den goldenen Himmel unversehrt zurückgeführt werden.‹«[103] Auch wenn Böhmes Darstellung mit dem »Göttlichen Mercurius«, der »Mensch worden« ist, der Celanschen Formulierung näher stehen mag als die des alchemischen Traktats, in dem die »Jungfrau« als »Mercurius« den »Sohn« gebiert, spricht das meiste, denke ich, doch eher dafür, dass Celan sich vor allem durch die Lektüre des Blochschen Textes und damit durch Vorstellungen der frühneuzeitlichen praktizierenden Alchemie zu einer Auseinandersetzung hat anregen lassen. Gleichwohl ist es natürlich interessant, dass auch der Name Böhme an mehreren Stellen in diesem Zusammenhang erscheint und dass eine dieser Stellen sogar in Celans Handexemplar markiert ist. Sie lautet: »Da preist ihn [den Stein] *Jakob Böhme* als die ›Wurzel eines Reichs, worin kein anderes Element mehr ist als der Menschensohn‹ [Hervorhebung von Celan].«[104] Der anschließende Satz, in dem Bloch auf Böhmes Verhältnis zur Alchemie zu sprechen kommt, ist wieder nicht markiert: »Wie denn Böhme insgesamt die Grundlinien seiner Theosophie und Theogonie in Übereinstimmung mit den alchymistischen Operationen ausgearbeitet hat; als tue der Mensch im alchymistischen Prozeß nur, was Gott in ähnlicher oder gleicher

101 Celan: *La Bibliothèque philosophique* (2004), S. 319. Bloch (1959), S. 744.
102 Celan: *La Bibliothèque philosophique* (2004), S. 323. Bloch (1959), S. 765.
103 Celan: *La Bibliothèque philosophique* (2004), S. 321. Bloch (1959), S. 751.
104 Ebd.

Weise im Kreaturleben der anorganischen Natur tut«.[105] Es folgt der Hinweis auf das seinerzeit maßgebliche Buch zu diesem Thema von Adolf Harleß, dann ein Satz zu Angelus Silesius zusammen mit einem Epigramm aus dessen *Cherubinischen Wandersmann*, letzteres von Celan doppelt am Rand angestrichen, und dann der oben bereits zitierte Text zu Marsilio Ficino und der »arte chimica«.

So nehme ich also nicht an, dass der im Kontext erwähnte Böhme (ebenso wie auch Angelus Silesius) für die Auslegung des Gedichts von irgendeiner Bedeutung ist;[106] trotzdem ist natürlich allein schon die Tatsache, dass Celan Böhmes Erwähnung nachweislich registriert hat, hier bemerkenswert. Neben der Verwendung des Begriffs Ungrund sind diese und weitere im Verzeichnis der *Philosophischen Bibliothek* vermerkten Lesespuren schließlich die einzigen (derzeit bekannten) Dokumente, aus denen hervorgeht, dass Celan Böhme nicht nur wahrgenommen, sondern dass er sich auch gedanklich mit ihm auseinandergesetzt hat.[107] Insgesamt handelt es sich um fünf solcher Markie-

105 Bloch (1959), S. 751.

106 So sieht es in ihrer Kommentierung des Gedichts offensichtlich auch Barbara Wiedemann. Auch sie weist nur auf die diversen Lesespuren bei Bloch hin (diejenige zum Böhme-Zitat zählt dabei nicht zu den von ihr zitierten) und fügt am Ende nur allgemein noch dazu an, dass »Celans Interesse für Alchimie« zudem noch durch fünf weitere Gedichte belegt würde (Celan [2003]: *Die Gedichte*, S. 840).

107 Auch in der 2019 unter dem Titel *»etwas ganz und gar Persönliches«* publizierten Sammlung der Briefe Celans findet sich Böhme an keiner Stelle erwähnt, dafür aber zweimal in Briefen an Celan von Klaus (und Nani) Demus. Im Brief vom 14. Oktober 1958 ist es innerhalb einer Aufzählung lediglich eine Namensnennung, im Brief vom 9. Juli 1959 ein Zitat aus der Schrift von den *Drei Prinzipien*, das Klaus Demus ans Ende seines Schreibens kommentarlos anfügt: »›Du findest in dem elementischen Reiche in allen Dingen eine Ursache, warum oder wie sichs also könne gebären und treiben? In dem Sichtlichen findest du die Zerbrechlichkeit, und erkundest, daß es einen Anfang habe, dieweil es ein Ende nimmt. Zum dritten findest du in allen Dingen eine herrliche Kraft, welches iedes Dinges Leben, Wachsen und Aufsteigen ist; und empfindest darinnen seine Schöne und sanftes Wohlthun, davon es sich reget.‹ Böhme, Von den drey Principien Göttlichen Wesens.« (Celan/Demus: *Briefwechsel* [2009], S. 265 und 279). Vgl. *Beschreibung der drei Prinzipien Göttlichen Wesens*, S. 34 (Cap. 4, Abs. 24 f.). Und in einem Brief vom 20. Februar 1960 stellt Klaus Demus, diesmal ohne namentliche Erwähnung Böhmes, eine enge Beziehung zwischen dem von ihm Angeredeten und – durchaus denkbar aufgrund der Selbstverständlichkeit des Einbezugs, dass er damit ein Motiv aus früheren Gesprächen aufgreift – dem Begriff »Ungrund« her: »Vielleicht darfst du nicht hoffen, Paul, daß das, was Du dem Ungrund abgewinnst in Deinem Leben, Deinem Schreiben, Dir sichtbare Wirkung tut (obwohl Du's so viel erfahren darfst von Einzelnen), ja ganz gewiß wird dies kein Gegengewicht sein können zum Unerträglichen, das an Dir sein Polares sucht.« (Celan/Demus: *Briefwechsel* (2009), S. 295)

rungen, die die Herausgeber des Verzeichnisses entdeckt haben; zwei der restlichen vier enthält Celans Exemplar von Walter Benjamins *Ursprung des deutschen Trauerspiels*. Die erste von ihnen gilt folgender Passage: »Jakob Böhme, der größten Allegoriker einer, hat, wo er auf Sprache zu reden kommt, den Wert des Lautes dem stummen Tiefsinn gegenüber hochgehalten. Er hat die Lehre von der ›sensualischen‹ oder Natur-Sprache entwickelt. Und zwar ist diese nicht – das ist entscheidend – das Lautwerden der allegorischen Welt, als welche vielmehr ins Schweigen gebannt bleibt. [Hervorhebungen von Celan]«[108] Und einige Seiten später sind es dann, nach Josef Nadler zitierte, Beispiele für Böhmes Lautspekulationen, die Celan angestrichen hat: »›A war ihm der erste Buchstabe, der aus dem Herzen dringt: das Zentrum der höchsten Liebe, das r weil es ›schnarrt, prasselt und rasselt‹, hat den Charakter des Feuerquelles, s war ihm heiliges Feuer.‹«[109] Ich denke, man wird davon ausgehen können, dass die Ansichten und Thesen des Sprachtheoretikers Böhme Celan unmittelbarer ansprachen und vor allem auch seinem Verständnis von und Anspruch an Lyrik mehr entgegenkamen als die des Verfassers alchemischer Anleitungen. Mit Böhme teilte Celan die Hochschätzung des gesprochenen Worts, was sich etwa auch in der, von manchen mitunter als pathetisch empfundenen, Intensität seiner Lesungen ausdrückte. Dabei sah er das Ertönen-Lassen, das Lautwerden seiner eigenen Texte in entschiedener Abgrenzung zu den zeitgleichen Sprachexperimenten der Konkreten Poesie. Mit deren Hervorbringungen, die sich meist einem spielerischen Umgang mit Sprache verdankten und entsprechend oft zu vor allem witzigen Ergebnissen führten, gab es für ihn keine Gemeinsamkeit, weshalb ihm auch die Lehre von der »›sensualischen‹ oder Natur-Sprache«, die von einer genuinen Verbindung zwischen dem »Wert des Lautes« und der Semantik der zugehörigen Lautfolge ausging, besonders gefallen haben dürfte. Einen erkennbaren Niederschlag im ein oder anderen seiner Gedichte hat allerdings auch dies nicht gefunden. Dazu sind die Anspielungen auf diese Dimension von Sprache, wie sie etwa im Gedicht »Offene Glottis« mit ihren »Mitlautstöße[n]«, »Luftstrom« und »Vokal« ausgemacht werden könnten, letztlich einfach zu unspezifisch.[110] Die beiden letzten markierten Stellen zu Böhme schließlich finden sich in Ernst von Asters *Geschichte der Philosophie* und lauten: »Nicht

108 Celan: *La Bibliothèque philosophique* (2004), S. 284. Benjamin (1972): *Ursprung des deutschen Trauerspiels*, S. 227.

109 Celan: *La Bibliothèque philosophique* (2004), S. 284. Benjamin (1972): *Ursprung des deutschen Trauerspiels*, S. 230. Das Zitat von Nadler entstammt seiner *Literaturgeschichte der deutschen Stämme und Landschaften* (1912–32).

110 Celan (2003): *Die Gedichte*, S. 335.

als ruhendes ewiges Sein, sondern als Wille, als wallendes Leben wird Gott bei Boehme gefaßt. [Hervorhebung von Celan]«[111] »[Die protestantische Mystik (Sebastian Franck, Valentin Weigel, Jacob Boehme) entwickelt sich in Gegensatz] zu dem biblischen Buchstabenglauben der [protestantischen Orthodoxie und Scholastik] [...]] [Hervorhebung von Celan]«.[112]

Das »Ungrund«-Gedicht

EINGESCHOSSEN
in die Smaragdbahn,

Larvenschlupf, Sternschlupf, mit allen
Kielen
such ich dich,
Ungrund.

Celan verfasste das Gedicht am 19. Juli 1969. Das ist aus einem Brief vom 21. Juli 1969 an Franz Wurm zu entnehmen, dem er es beifügte und dazu schrieb, dass es »von vorgestern«[113] sei. Zudem ist unter dem Gedicht selber vermerkt: »Paris, Rue d'Ulm, 19.7.1969«.[114] Dieses Datum ist hier zunächst einmal insofern interessant, als an jenem Tag die erste Landung amerikanischer Astronauten auf dem Mond unmittelbar bevorstand, ein Geschehen, das Celan nach eigenem Bekunden aufmerksam verfolgte. Im Brief an Wurm schreibt er von einer »zu drei Vierteln den Mondfahrern und -fergen zugewachten Nacht«.[115] Und deutlicher noch ist aus einem kleinen Briefwechsel mit seinem Sohn Eric, der sich zu dieser Zeit bei Bekannten in Rodenkirchen bei Köln aufhielt, herauszuhören, dass er dem ehrgeizigen Unternehmen durchaus wohlwollend gegenüberstand. In einem Brief vom 20. Juli schreibt er: »Vielleicht bist Du gerade dabei, Dir am Fernsehen die Leistungen Armstrongs und seiner Gefährten anzusehen ...«[116] Und fünf Tage später fragt er nach: »Hast du den Flug zum Mond und die Mondlandung am Fernsehen verfolgt? Ich habe es getan, über die Mondlandung hat mich mein kleines Transistorgerät informiert, zur

111 Celan: *La Bibliothèque philosophique* (2004), S. 557. Aster (1935), S. 181.
112 Ebd.
113 Celan/Wurm (1995): *Briefwechsel*, S. 205.
114 Ebd.
115 Ebd., S. 204.
116 Celan/Celan-Lestrange (2001): *Briefwechsel*, Band 1, S. 581.

Rückkehr hatten mich Freunde, die Lutrands, zu sich eingeladen.«[117] Am 23. Juli hatte Eric auf den ersten Brief seines Vaters bereits zurückgeschrieben: »Ich habe die Mondlandung verfolgt, die nebenbei ziemlich verschwommen war. Aber ich glaube, dass man, bevor man auf dem Mond landet, die Bewohner der Erde mit ganz schön vielen Sachen vermonden (versorgen) muss, die sie nicht haben«,[118] ein Urteil, das Celan so nicht stehen lassen wollte. In einer Antwort vom 29. Juli lautet sein Kommentar dazu: »Selbstverständlich gibt es so viele Dinge auf dieser Erde zu lösen; aber selbstverständlich ist diese erste Mondlandung auch nicht nichts.«[119]

In seinem Brief an Wurm verbindet Celan dieses Ereignis im Übrigen noch mit seiner persönlichen aktuellen Lebenssituation. Im Anschluss an den Satz zu den »Mondfahrern und –fergen« schreibt er: »Ich übersiedle tropfenweise, hirntropfenweise, eines Tages werde ich wohl noch in der neuen Wohnung landen und zu schürfen beginnen.«[120] Zu den Hintergründen dieser für *ihn* noch bevorstehenden Landung und der dann andernorts erfolgenden Fortsetzung seiner – mit dem Sammeln von Mondgestein parallelisierten – Arbeit hier kurz folgendes: Seit dem Dezember 1962 war Celans Leben durchsetzt von Aufenthalten in psychiatrischen Kliniken. Eine Einweisung geschah, nachdem er in einem Anfall geistiger Umnachtung versucht hatte, seine Frau zu töten, eine weitere im Februar 1967 nach einem missglückten Selbstmordversuch. Während der sich hieran anschließenden stationären Behandlung gelang es seiner Frau, ihn von der Notwendigkeit einer Trennung zu überzeugen. Er bezog, nach seiner Entlassung im Dezember 1967, eine möblierte Einzimmerwohnung in der Rue Tournefort. Dort attackierte er im November 1968 einen Nachbarn, den er beschuldigte, »Eric schaden zu wollen«.[121] Es folgte, bis Februar 1969, ein neuerlicher Klinikaufenthalt. Zur Zeit der Abfassung des Briefs lag dieser letzte also gerade fünf Monate zurück, überdies war die Entlassung an die Auflage gebunden gewesen, »sich im folgenden regelmäßig in einer sozialhygienischen Ambulanz […] zu melden«.[122] Celan hatte sich inzwischen nach einer anderen Unterkunft umgesehen und eine solche auch gefunden. Der als »schwierig empfundene[ ] Umzug in die neue, größere und unmöblierte Wohnung«[123] in der Avenue Emile Zola, von dessen

117 Ebd.
118 Ebd., Band 2, S. 377.
119 Ebd., Band 1, S. 582.
120 Celan/Wurm (1995): *Briefwechsel*, S. 204.
121 Celan/Celan-Lestrange (2001): *Briefwechsel*, Band 2, S. 484.
122 Ebd., S. 485.
123 Ebd., S. 490.

»tropfenweisem« Beginn oder Verlauf er Wurm berichtet, zog sich allerdings bis in den November 1969 hin. In der Zwischenzeit übernachtete er häufig in seinem Arbeitszimmer in der École Normale Supérieure in der Rue d'Ulm, wo er auch, nach eigenem Vermerk, das Gedicht schrieb.

Von diesem Gedicht haben sich einige Handschriften erhalten, die jedoch nur wenige Varianten aufweisen: »– eingeschossen/ in die Gegenbahnen« heißt es in einer von ihnen anstelle der letztlich gültigen Fassung, »Eingeschossen/ in die Smaragdbahn,/ ins Gegen,«[124] findet sich in einer anderen der Beginn um einen Vers erweitert. Zum nachfolgenden und abschließenden Teil verzeichnet die kritische Ausgabe lediglich noch eine andere Aufgliederung des Textes in die vier Verse: »Larvenschlupf, Sternschlupf/ mit allen/ Kielen/ such ich dich, Ungrund«.[125]

Keine Zweifel scheint es demnach also bezüglich des Eingangs- und damit auch titelgebenden Worts gegeben zu haben; zu »Eingeschossen« findet sich in den Varianten keine Alternative. Barbara Wiedemann sieht in ihrem Kommentar zum Gedicht in der Verwendung dieses Worts einen unmittelbaren Bezug zu den Berichten über die Mondlandung und zitiert dazu mehrere Sequenzen aus einem von Werner Büdeler geschriebenen Artikel in der *FAZ* vom 19. Juli, in dem etwa vom »Einschuß in die elliptische Mondumlaufbahn« oder auch dem »Einschuß in die Rückkehrbahn zur Erde« die Rede ist.[126] Im Besonderen ist es damit freilich die Kombination aus einer Ableitung des Verbs »einschießen« mit einer »-bahn«, in die die Bewegung führt, die für einen solchen Bezug spricht. Und auch, dass es im Gedicht eine »*Smaragd*bahn« ist, in die ein nicht näher benanntes Etwas »eingeschossen« wird, lässt sich mit der Berichterstattung in Zusammenhang bringen. Als ein blau leuchtender Edelstein, und im speziellen auch als Smaragd (auch wenn dessen Grundfarbe natürlich ein Smaragd*grün* ist), wurde die Erde aus der Sicht der Astronauten im All häufig beschrieben. Doch ist der Begriff bei Celan nicht nur positiv konnotiert. Ein unveröffentlichter Text aus dem Jahr 1961 lautet:

> Wenn ein Nichtjude einer Schmeißfliege begegnet, so wird auf die Schmeißfliege geschimpft, und zwar so lange, bis sie auf der Strecke bleibt. Dann wird sie, auf das behutsamste, aufgespießt und als Schmeiß- und Judenfliege weithin sichtbar katalogisiert.

124 Celan: *Werke*, Band 14 (2008), S. 226.
125 Ebd., S. 226 f.
126 Celan (2003): *Die Gedichte*, S. 869.

> Hat ein Jude das Glück, einer Schmeißfliege zu begegnen, so heißt es fortan von ihm: der Schmeißfliegenjude. An der Fliege weiß man die *smaragdenen* Flügel zu bewundern. [H. v. m.][127]

Die beiden sich an die »Smaragdbahn« anschließenden Nomen stehen zur vorausgehenden Aussage in keinem eindeutig bestimmbaren syntaktischen Zusammenhang. Allerdings ist man unwillkürlich geneigt, im nachfolgenden eine Konsequenz aus dem von der Partizipialgruppe einleitend Bezeichneten herauszulesen. Das heißt, anstelle des Kommas, das zusammen mit einer Leerzeile das eine vom andern trennt, scheint der Verdeutlichung halber auch ein Doppelpunkt denkbar oder auch eine Auflösung der partizipialen Konstruktion in einen temporalen oder modalen Nebensatz. In dem Fall würden die ersten vier Worte so viel bedeuten wie: »*Sobald* jenes Ungenannte in die Smaragdbahn eingeschossen ist oder wurde«, oder eben: »*Indem* jenes Ungenannte in die Smaragdbahn eingeschossen ist oder wurde«. Danach oder aufgrund dessen würde dann einsetzen, was in äußerster Verknappung in zwei hintereinander gesetzten Nomen zum Ausdruck gebracht wird: »Larvenschlupf, Sternschlupf«. Was aber soll man sich hierunter vorstellen? Was wäre dasjenige, das als so Bezeichnetes nach oder infolge jenes Eingeschossenseins seinen Anfang nimmt?

Das zweimalige »-schlupf« lässt prinzipiell mehrere Möglichkeiten zu; indem das erste der beiden jedoch mit »Larve« verknüpft ist, verengt sich sogleich das in Betracht kommende Bedeutungsspektrum. Nicht einen Unterschlupf, in den die Larven *hinein*schlüpfen, wird man spontan assoziieren, sondern Eier, aus denen sie *heraus*schlüpfen. Und indem man diese Semantik aufgrund der parallelen Setzung auf den zweiten »Schlupf«, den der Sterne, wohl übertragen darf, erscheint als das Thema, auf das die beiden Eingangsverse zuführen, das der (sich beständig und ins Endlose reproduzierenden)

127 Celan (2005): »*Mikrolithen sinds, Steinchen*«, S. 36. Weitere Assoziationen aus der Forschungsliteratur zum Begriff Smaragd wären zum einen die »Tabula Smaragdina«, ein Text aus dem spätantiken *Corpus Hermeticum*, der das Gedicht, käme ihm hierfür tatsächlich eine Relevanz zu, den, gewissermaßen, alchemischen Gedichten um »Warum aus dem Ungeschöpften« zugesellen würde. Pierre Joris schreibt, »the ›Smaragdbahn‹ / ›emerald trajectory‹ of the second line could refer back to the Tabula Smaragdina, the Emerald Tablet, a core mystical and alchemical treatise supposedly composed and handed down by the mythical Hermes Trismegistus« (Celan [2014]: *Breathturn into timestead*, S. 613); und Stephanie Jordans (2009) verweist auf einen möglicherweise impulsgebenden Bibeltext: »Der smaragdgrüne Regenbogen der Apokalypse (Off. 4,3) deutet auf göttliche Gnade hin und könnte mit Celans ›Smaragdbahn‹ gemeint sein« (S. 216).

Geburten und Erneuerungen oder überhaupt das einer in Gang gesetzten Entwicklung. Dass für sie als Beispiele – wenn es denn Beispiele sein sollen – das Entstehen und Werden gerade von Larven und Sternen gewählt wird, ist wieder in mehrerer Weise ausdeutbar. Es wären Beispiele für die Reproduktion innerhalb der belebten und der unbelebten Natur, gleichzeitig für ein großes Schauspiel im Kosmischen einerseits (dessen Benennung, im Kontext des aktuellen Geschehens, sich in den eingangs vorgegebenen thematischen Rahmen fügt) und für eine sich demgegenüber im Irdischen abspielende und mit für gewöhnlich eher unbehaglichen Gefühlen oder gar Widerwillen betrachtete Vermehrung, wie beispielsweise von Schmeißfliegen, andererseits. Und möglicherweise spielt letztlich ja auch noch das im zitierten »Schmeißfliegen«-Text sarkastisch in den Blick genommene Thema für das Verstehen der beiden »Schlupfe« eine Rolle. Dann würde der Stern für diejenigen stehen, die einst dazu gezwungen wurden, einen solchen in der Öffentlichkeit zu tragen, und die Larven für diejenigen, die von Celan, und das im Besonderen im Zuge der Goll-Affäre, als ehemalige Angehörige des NS-Apparats identifiziert wurden oder sich, nach seinem Empfinden, als jenen an die Seite zu stellenden Zeitgenossen durch ihre aktuellen Äußerungen selber *entlarvten*.[128]

Mit dem sich anschließenden ersten und einzigen Satz des Gedichts, der zugleich dessen Ende bildet, vollzieht sich ein Wechsel von der »dies«-Perspektive in diejenige der ersten Person. Nach den vorausgehenden elliptischen Betrachtungen zu Kosmos und Evolution tritt das Ich hervor, das sie angestellt hat. Und so wie zwischen den beiden ersten Teilen des Gedichts als Beziehung eine, temporale oder konditionale, Folge unterstellt wurde, so scheint es nun eine Kausalität zu sein, die aus dem zweiten Teil den dritten hervorgehen lässt. Für die Suche, auf die sich der Sprechende begeben hat, erscheint das, was ihm zuvor in den Sinn gekommen ist, ursächlich. Und das allererste, worauf dabei von ihm hingewiesen wird, ist die Modalität, das »Wie« dieses Suchens: »mit allen Kielen«.

Dass ein jedes Gedicht in den Aussagen seiner einzelnen Bestandteile wie auch seiner Gesamtheit ein mehrdeutiges ist, war für Celan eine hermeneutische Selbstverständlichkeit. Zum Titel eines seiner Gedichte, der »Engfüh-

128 Bemerkungen zu »Larven« und »Entlarvung« markierte Celan in einem Band mit Schriften Walter Benjamins, und zwar dort in dessen Essay über Karl Kraus: »Er [Kraus] macht den Partner nach, um in den feinsten Fugen seiner Haltung das Brecheisen des Hasses anzusetzen. Dieser Silbenstecher, der zwischen die Silben sticht, holt Larven, die da nisten, zu Klumpen heraus.« (Celan [2004]: *La Bibliothèque philosophique*, S. 292; Benjamin [1980]: *Karl Kraus*, S. 347) »Die Zitate der ›Fackel‹ sind mehr als Belegstellen: Requisiten von mimischen Entlarvungen durch den Zitierenden.« (Ebd.)

rung«, schreibt Peter Szondi: »Wer Celans Schrift zu ›lesen‹ gelernt hat, weiß, daß es nicht darum geht, sich für eine der verschiedenen Bedeutungen zu entscheiden, sondern zu begreifen, daß sie nicht *geschieden* sind, sondern eins. Die Mehrdeutigkeit, Mittel der Erkenntnis geworden, macht die Einheit dessen sichtbar, was verschieden nur schien. Sie dient der Präzision.«[129] Im Gedicht »Eingeschossen« erhebt Celan diese Mehrdeutigkeit selber zum Thema. Das »mit *allen* Kielen« fordert die Leserschaft auf, das gesamte semantische Spektrum des Begriffs mit einzubeziehen. Denn zwar darf auch die Lesart »alle Kiele« nur *einer* der möglichen damit bezeichneten Sorten nicht ausgeschlossen werden, doch sieht man sich freilich, zumindest zudem, durch das mit allem Nachdruck versehene Indefinitpronomen veranlasst, gemäß dem Szondi-Wort sämtliche der Bedeutungen des Begriffs in »eins« zu bringen.

»Kiel«, das ist demnach zum einen der harte Teil, also der Stiel von Vogelfedern, es ist innerhalb dieser Semantik zum zweiten, als eine von bestimmten Vögeln, zumeist von Gänsen nutzbar gemachte Feder, ein früheres Schreibgerät; es ist weiterhin, ohne etymologischen Zusammenhang mit den beiden ersten Bedeutungen, die Bezeichnung für den untersten, einem Schiff Stabilität verleihenden Teil des Schiffsrumpfs, und der Begriff ist von hier aus letztlich, in Komposita wie »Kielträger«, übertragen worden auch auf Bauteile der Luft- und Raumfahrttechnik. Und daraus folgt nun, wenn mit all *diesen* Kielen eine Suche veranstaltet wird, dass sie im Wasser, in der Luft und sogar im All vonstattengeht, und gleichzeitig doch auch, bei der Niederschrift dieses oder anderer Gedichte, in einem Zustand lediglich innerer Bewegung, im Versuch eines *Er*schreibens des gesuchten Objekts oder ersehnten Ziels. Und dieses Objekt oder Ziel, auf das im Gedicht als seinem letzten Wort alles zuläuft, ist der Ungrund.

Nähere Hinweise zum Verständnis dieses Worts finden sich bei Celan, wie schon andernorts konstatiert, nirgends. Möchte man zumindest eine Ahnung davon erlangen, *warum* hier *was* in solcher Emphase und Inständigkeit gesucht wird, bleibt in erster Linie die Möglichkeit, bei Böhme nachzuschlagen. Dazu zunächst indes ein Exkurs. Der Begriff des Hermetischen wie auch die Kategorie der hermetischen Literatur haben ihren Ursprung in einer spätantiken Schriftensammlung, dem *Corpus Hermeticum*, das einer mythischen Gestalt, nämlich »Hermes Trismegistos« als Verfasser zugeschrieben wurde. Gemeinsames Merkmal der in diesem Konvolut zusammengefassten – alchemischen, astrologischen, religiösen etc. – Texte sind die Schwierigkeiten, die sie dem Versuch eines unmittelbaren Verstehens entgegensetzen. Dadurch wird die Vorstellung erweckt, dass es eines geheimen Wissens bedarf, um einen

129 Szondi (1972), S. 111.

Zugang zu ihnen zu erhalten. Andernfalls erscheint dieser Zugang *hermetisch* versperrt. Die große Attraktivität, die das *Corpus* nach seiner Übersetzung ins Lateinische durch Marsilio Ficino und seiner Publikation wahrscheinlich nicht trotz, sondern wegen dieser Rätselhaftigkeit genoss, führte dazu, dass im 16. und 17. Jahrhundert eine Fülle weiterer Schriften erschien, die, hiervon mehr oder weniger beeinflusst oder angeregt, in ähnlich *hermetischer* Manier eine ähnliche Themenpalette bearbeiteten. Dass Böhme das Corpus kannte, ist möglich, aber nicht nachweisbar; in einigen seiner Theorien, etwa der Androgynität des ersten Menschen, kommt er immerhin zu vergleichbaren Ergebnissen.[130] Vor allem aber wurde durch Böhmes frühe Rezipienten sein Werk mit dem *Corpus* in einen engen Zusammenhang gebracht,[131] so dass allein schon von daher auch seine Schriften als hermetische galten. Und völlig unbegründet, nimmt man als Maßstab den Grad der Zugänglich- und Verständlichkeit, ist eine solche Zuordnung sicherlich nicht; doch sollte man das, gerade bei Böhme, nicht auf einen Hang zur Mystifizierung oder gar Geheimniskrämerei zurückführen. Das, was in seinen Schriften trotz allen hermeneutischen Bemühens unverständlich bleibt, sind nicht selten Aussagen, mit denen man sich deswegen schwertut, weil sie schlicht nicht verstanden werden *können*. Und das gilt natürlich nicht nur, aber jedenfalls in ganz besonderem Maße, für die Aussagen zum Ungrund, wie etwa jenen Eingangssatz des *Gründlichen Berichts*: »Der Ungrund ist ein ewig Nichts / und machet aber einen ewigen Anfang / als eine Sucht«.[132] Die Paradoxie lässt sich zur Kenntnis nehmen – gedanklich nachvollziehen lässt sich das, was mit ihr gesagt ist, nicht.

In Anlehnung an die hermetische Literatur der Frühen Neuzeit wurde die Etikettierung im 20. Jahrhundert dann, der vergleichbaren Unzugänglichkeit wegen, auf die zeitgenössische Lyrik, innerhalb der deutschsprachigen Literatur vorzugsweise auf die Dichtung Celans übertragen. Und wenn man bereit ist, sie als eine aussagekräftige zu akzeptieren, dann fällt das Gedicht »Eingeschossen« gewiss nicht durch dieses Raster hindurch. Wie bei vielen Gedichten des Spätwerks ist das einem (problemlosen) Zugang sich Versperrende an ihm vor allem der Komprimiertheit der Aussage, der Reduzierung des Textes auf nur wenige Wörter geschuldet. Mit seinen insgesamt dreizehn ist es dabei nicht einmal das kürzeste der Sammlung *Zeitgehöft*,[133] in dem es erschien, einem posthum veröffentlichten, von Celan nicht mehr eigens für den

130 Vgl. Hannak (2013), S. 330.
131 Vgl. ebd., S. 307 f.
132 Böhme: Ein gründlicher Bericht von dem irdischen Mysterio, S. 3.
133 Celan (1976): *Zeitgehöft*, S. 16.

Druck vorbereiteten Band. Doch kommt bei ihm eben noch eines hinzu: Indem eins dieser Wörter, gewissermaßen, dem alten hermetischen Wortschatz entnommen wurde, ist in der Hermetik des modernen Textes zusätzlich die überkommene, die namengebende originale (erschwerend) vorhanden. Und das heißt, auch wenn es gelingen sollte, den Relationen zwischen den ersten zwölf Wörtern semantisch auf die Spur zu kommen, stellt das dreizehnte, das Schluss- und Schlüsselwort des Gedichts, das für die Leserschaft in dem, was es zu bezeichnen sucht, ähnlich unerfindlich bleiben muss, wie es das letztlich selbst für Böhme und Celan war, noch einmal vor eine ganz besondere Probe.

Celan selber war im Übrigen mit der Qualifizierung seines Werks als eines hermetischen keineswegs einverstanden. An seinen Verleger Siegfried Unseld, der ihm für seinen Gedichtband *Lichtzwang* einen Vorschlag für einen Klappentext zugesandt hatte, in dem auf das zunehmend Schwerverständliche seiner Texte hingewiesen wurde, schrieb er zurück: »Meine Gedichte sind weder hermetischer geworden noch geometrischer, sie sind nicht Chiffren, sie sind Sprache; sie entfernen sich nicht noch weiter vom Alltag, sie stehen auch in ihrer Wörtlichkeit [...] im Heute.«[134] Doch spricht Celan dafür seinerseits, zumindest in seiner Büchner-Preis-Rede, von der »Dunkelheit« des Gedichts:

> Meine Damen und Herren, es ist heute gang und gäbe, der Dichtung ihre »Dunkelheit« vorzuwerfen. – Erlauben Sie mir, an dieser Stelle unvermittelt – aber hat sich hier nicht jäh etwas aufgetan? –, erlauben Sie mir, hier ein Wort von Pascal zu zitieren, ein Wort, das ich vor einiger Zeit bei Leo Schestow gelesen habe: »Ne nous reprochez pas le manque de clarté puisque nous en faison profession!« – Das ist, glaube ich, wenn nicht die kongenitale, so doch wohl die der Dichtung um einer Begegnung willen aus einer – vielleicht selbstentworfenen – Ferne oder Fremde zugeordnete Dunkelheit.[135]

Und in den Entwürfen und Vorstufen zum »Meridian« finden sich dazu noch weitere Reflexionen: »Vorstellung und Erfahrung, Erfahrung und Vorstellung lassen mich, in Ansehung der Dunkelheit des Gedichts heute, an eine Dunkelheit des Gedichts als Gedicht denken, an eine konstitutive, kongenitale Dunkelheit also. Mit andern Worten: das Gedicht kommt dunkel zur Welt [...].[136] »Das Gedicht ist <u>als Gedicht</u> dunkel«[137], lautet eine andere Notiz; und eine dritte: »Mit jedem Gedicht stehen wir, ›gedichtlang‹, im Geheimnis. Von

134 Celan/Shmueli (2004): *Briefwechsel*, S. 236. (Brief vom 7. April 1970).
135 Celan (1999): *Der Meridian*, S. 7.
136 Ebd., S. 84.
137 Ebd., S. 85.

diesem Aufenthalt kommt das ›Dunkel‹«.[138] Und schließlich gehört noch folgende Gleichsetzung in diese Reihe:

> Die Dunkelheit des Gedichts = die Dunkelheit des Todes. Die Menschen = die Sterblichen. Darum zählt das Gedicht, als das des Todes eingedenk bleibende, zum Menschlichsten am Menschen.[139]

Es gibt ein Gedicht von Gottfried Benn, das eine ähnliche Thematik behandelt (oder eine ähnliche Thematik wenigstens zu behandeln scheint) wie das Gedicht »Eingeschossen« von Paul Celan. Sehr wahrscheinlich, dass Celan es kannte, möglich, dass es sogar eine Rolle beim Verfassen seines eigenen Gedichts spielte, aber mehr lässt sich dazu, wie beim »Ungrund«-Gedicht Ernst Meisters, nicht sagen. Zu Benn war Celans Verhältnis insgesamt eher gespannt, mit dessen Thesen, wie er sie vor allem in seinem Marburger Vortrag »Probleme der Lyrik« geäußert hatte, war Celan nicht einverstanden. John Festiner schreibt dazu: »Daß Benn sich schon früh, wiewohl nur vorübergehend, mit dem Nationalsozialismus eingelassen hatte, weckte naturgemäß Celans Argwohn gegen diese einflußreiche Schrift [ebenjenen publizierten Vortrag]. Benn optierte für ›das absolute Gedicht, das Gedicht ohne Glauben, das Gedicht ohne Hoffnung, das Gedicht an niemanden gerichtet‹. Bei Celans Bedürfnis, mit seinen Gedichten ein Du anzusprechen, wog noch schwerer, daß Benn auf der Modernität nur jenes Gedichts insistierte, ›dessen monologischer Zug außer Zweifel steht‹«.[140]

Das Gedicht Gottfried Benns, das hier gemeint ist, trägt den Titel »Schöpfung« und lautet:

> Aus Dschungeln, krokodilverschlammten
> Six days – wer weiß, wer kennt den Ort –,
> nach all dem Schluck- und Schreiverdammten:
> das erste Ich, das erste Wort.
>
> Ein Wort, ein Ich, ein Flaum, ein Feuer,
> ein Fackelblau, ein Sternenstrich –
> woher, wohin – ins Ungeheuer
> von leerem Raum um Wort, um Ich.[141]

138 Ebd., S. 90.
139 Ebd., S. 89.
140 Festiner (2000), S. 153.
141 Benn (1982), S. 214.

So wie bei Celan geht es auch hier, im weitesten Sinne, um Evolution. Benn braucht ein wenig mehr Wörter dafür, doch scheint der leicht abschätzige Blick darauf – hier »krokodilverschlammten«, da »Larvenschlupf« – von ähnlicher Natur. Und ähnlich führt die Entwicklung am Ende, bei Benn ein wenig früher als bei Celan, zur Gegenwart eines »Ich« oder »ich«. Doch enden damit auch schon die Gemeinsamkeiten. Während bei Benn das »Ich« gleich dreifach und ohne syntaktischen Bezug auf irgendein anderes erscheint und das letzte der drei, das der Person des Verfassers vermutlich nächststehende, als ein großes einsames, als ein (mitsamt dem »Wort«) in seiner – wenn schon nicht selbstgewählten, so doch zumindest trotzig-stolz ertragenen – Isoliertheit verharrendes »Ich« den abschließenden Gipfelpunkt des Gedichts bildet, ist bei Celan das »ich« in äußerster Eindringlichkeit bezogen auf ein Du. Hinter ihm tritt es, wiewohl auch auf diesem »ich« nach allem skizzierten außerhalb befindlichen anderen ein deutlicher Akzent ruht, gleichsam zurück. Und dieses Du, das bei Celan genau den exquisiten Ort zugewiesen bekommt, den bei Benn das »Ich« für sich beansprucht, ist der Ungrund.

Und wenn man, was aufgrund der elliptischen Gestalt des Textes und des Fehlens jeglicher Qualifizierung freilich ein Wagnis ist, einen Unterschied bestimmen wollte zwischen dem Böhmeschen Ungrund und demjenigen Celans, dann wäre es eben diese Anrede, der Ungrund als ein Gegenüber, mit dem man in Kontakt treten kann, eine Konstellation, die es so bei Böhme nicht gibt – und die doch auch nicht so völlig unvereinbar mit dem von ihm vermittelten Bild ist. Sucht man bei Böhme nach einem Aspekt des Ungrunds, mit dem eine persönliche Verbindung am ehesten wohl möglich erscheint und mit dem ein Aufeinandertreffen, ein *erfolgreiches* Suchen sogar außer Frage steht, dann ist dies der Tod. Für Celan ist ein solches Verständnis des letzten Worts, in Betracht der Situation und Verfassung, in der er es schrieb, und in Betracht der persönlichen Sicht auf die Dinge, von der das zuvor in den Blick genommene Werden und hierbei Gewordene zeugen, gewiss nicht auszuschließen. Doch ist es ebenso gewiss nicht darauf einzuengen oder damit zu identifizieren. Denn schließlich lauten die beiden letzten Verse nicht: »such ich dich,/ Tod.«, sondern »such ich dich,/ Ungrund.«. So ist natürlich auch hier das ganze Spektrum der Bedeutungen einzubeziehen, und dazu gehört nicht zuletzt, wie Böhme den Begriff in seinem *Gründlichen Bericht* einführt. Nach der Betrachtung eines Beginns (»EINGESCHOSSEN/ in die Smaragdbahn,«), einer in Gang geratenen und sich auf unabsehbare Zeit fortsetzenden Entwicklung (»Larvenschlupf«, »Sternschlupf«) und dem eingedenk dieser Geburten auf das eigene Ende gerichteten Blick (»mit allen/ Kielen/ such ich dich/ Ungrund.«), ist es so vielleicht auch der allem »EINGESCHOSSEN« vorausgehende, von einem ewigen Ende letztlich nicht zu unterscheidende ewige Anfang, für den der »Ungrund« am Schluss des Gedichts steht und von dem Böhme schreibt: »Im anfang heisset alhie der ewige anfang im willen des vngrundes zum grunde«;[142] »so gehet nun ein ieder Anfang in sein Ende; und das Ende ist das, das vorm Anfange war«;[143] »Denn das Ende gehöret in den Anfang«;[144] »Alsdann ist der ewige Anfang und das ewige Ende gantz Eins«.[145] Oder, wie Celan in seiner *Meridian*-Rede die (vermeintliche) Dichotomie mit etwas veränderter Konnotierung auf sich persönlich bezieht: »Meine Damen und Herren, ich bin am Ende – ich bin wieder am Anfang.«[146]

142 Böhme: *Von der Gnaden wahl* (B II), S. 20.
143 Böhme: *Mysterium Magnum* (P VII), S. 209 (Cap. 26, Abs. 57).
144 Böhme: *Zweite Schrift gegen Balthasar Tilke* (P V), S. 158 (Abs. 302).
145 Böhme: *Erste Schrift gegen Esajas Stiefel* (P V), S. 173 (Abs. 23).
146 Celan (1999): *Der Meridian*, S. 10.

Schlussbetrachtung

Auf die Gründe für die Wahl von Begriffen finden sich in lyrischen Werken für gewöhnlich keine expliziten Hinweise. Es stünde wohl auch eher den Prinzipien einer Textgattung entgegen, in der sich eine Reduktion und Verdichtung von sprachlicher Aussage mit einer großen semantischen Offenheit verbindet. Ob es lediglich die Grundbedeutung (oder eine der Grundbedeutungen) eines Begriffs ist, die ihn für einen Einbezug prädestinieren, oder ob zudem frühere Verwendungen in eminenten Texten mit anklingen sollen, ist mit letzter Sicherheit oft nicht zu entscheiden. So sind die »Schlangen«, mit denen »ein Mann« in Celans *Todesfuge* spielt, gewiss verschieden interpretierbar – ein für die Auslegung unverzichtbares Element jedoch würde fehlen, wenn unbeachtet bliebe, dass das Bild sehr ähnlich schon in Trakls *Psalm* begegnet (dort ist es ein »weiße[r] Magier«, der mit »seinen Schlangen« spielt)[1], womit als sicher unterstellt werden kann, dass Celan sein eigenes Gedicht auch im Licht dieser Textstelle gelesen wissen wollte. Und so ist andererseits der Begriff »Abgrund« in dem oben kurz betrachteten Gedicht *Du gleißende* aus dem Band *Zeitgehöft* auch nur annähernd zweifelsfrei keiner bestimmten literarischen Vorlage zuzuordnen. Entsprechende Bemühungen bewegen sich zwangsläufig im rein Spekulativen. Ist hier noch der »Himmel als Abgrund« der Büchner-Preis-Rede präsent? Ist es vielleicht ein Abgrund aus einem Hölderlinschen Gedicht, den Celan bei der Niederschrift seines Textes im Sinn hatte? Oder ist es gar ein auf die alten Mystiker zurückverweisender Abgrund? Schließlich würde für einen Bezug auf die dem Alten Testament entlehnten einander rufenden Abgründe Taulers sprechen, dass es in Celans Gedicht »*zwei* Hellschüsse[ ]/ Abgrund« sind, mit denen es endet.

Anders, doch auch nicht grundverschieden, verhält es sich mit den Quellen Böhmes. Die einzigen, die er als solche ausdrücklich benennt und interpretierend oder zum Beleg heranzieht, sind die Texte der Bibel. Dagegen bleiben die Hinweise auf die an einer Hand abzuzählenden zeitgenössischen oder älteren Autoren meist derart unspezifisch, dass sich aus ihnen keine Rele-

1 Vgl. Trakl (1972), S. 33.

vanz für sein Schreiben ableiten lässt. Das muss nicht mit dem Versuch einer Mystifizierung der eigenen geistigen Herkunft zusammenhängen. Eher hat es wohl mit dem Umstand zu tun, dass eine Teilhabe menschlicher Lehrmeister an Böhmes Werk sich schlecht mit der Aussage verträgt, es sei, wie er immer wieder versichert, der »Geist«, dem er all seine Erkenntnis zu verdanken habe: »so ich rede Wir, must du nicht meinen irdischen Menschen blos verstehen, denn der Geist, so in dieser Feder treibet, wird mit=genant: darum schreibe ich und sage, so Ich will von mir als vom Autor reden, Wir«;[2] »Also rede und schreibe ich vom grossem Mysterio aller Wesen, nicht daß ichs in meiner Ichheit hätte ergriffen, sondern Er schläget meine Signatur in meiner Begierde, welche in Ihn eindringet, wie Er will.«[3] Der »Geist« war es, der Böhme zu seiner als prophetisch empfundenen Autorschaft befähigte; und eine seiner Methoden mag hierbei das Empfänglichmachen für die Entwürfe anderer Denker gewesen sein. Doch sah Böhme gleichwohl keine Veranlassung, diese Autoren in seinen Schriften eigens herauszustellen oder auch nur ihre Namen preiszugeben. Gegenüber dem Wirken des Geistes blieben sie für ihn lediglich nachgeordnet von Bedeutung.[4]

Unter dieser Prämisse ist auch Böhmes Verwendung des Begriffs Abgrund zu sehen. Unzweifelhaft ist hier einzig in Bezug auf die Frühschrift sowie die meisten späteren Verwendungen die Anlehnung an signifikante Textstellen der Luther-Bibel, so primär solche der Johannes-Offenbarung. Dass dem Begriff dann zwischenzeitlich, nämlich ab der Schrift von den *Vierzig Fragen* des Öfteren eine ganz andere Bedeutung im Sinne von »unergründliche[r] Fülle des göttlichen Seins«[5] unterlegt wird, scheint eklatant auf eine inzwischen erfolgte Beschäftigung mit Texten der mittelalterlichen Mystik, vor allem Predigten von Meister Eckhart und Johannes Tauler hinzudeuten, ist aber zwingend nicht zu belegen. Immerhin, dass deren Namen ihm bekannt waren, lässt sich aus der Tatsache erschließen, dass unter den wenigen von ihm erwähnten und offensichtlich auch gelesenen[6] Autoren auch Valentin Weigel

2 Böhme: *Beschreibung der drei Prinzipien göttlichen Wesens* (P II), S. 459 (Cap. 25, Abs. 109).

3 Böhme: *Von der Geburt und Bezeichnung aller Wesen* (P VI), S. 171 (Cap.12, Abs. 18).

4 Von daher ist es gewiss nicht zufällig, dass die einzige Leseempfehlung, die sich bei ihm findet, einem Traktat gilt, dessen Thematik ihn doch eher nur am Rande interessierte: dem alchemistischen *Wasserstein der Weysen* des Johann Siebmacher (vgl. *Briefe* [P IX], S. 104 [Br. 28, Abs. 14]).

5 Doppler (1968), S. 12.

6 Böhme verbindet seine Erwähnung mit einer inhaltlichen Kritik, nämlich Weigel wolle haben, »Maria sey nicht Joachims und Annä Tochter […]« etc. (*Briefe* [P IX], S. 55 [Br. 12, Abs. 59]).

ist, der beide, Tauler häufiger als Eckhart, zitiert oder referiert.[7] So ist es nicht unabdingbar, doch gewiss auch nicht abwegig, den Bedeutungswandel des Begriffs bei Böhme mit einer Lektüre der Predigten Eckharts und dessen ›ewigem Abgrund göttlichen Wesens‹ und der Predigten Taulers und dessen Zweiheit von geschaffenem und ungeschaffenem Abgrund in Verbindung zu bringen; und erst einmal hergestellt, eröffnet eine solche Verbindungslinie natürlich die Möglichkeit, nach weiteren Spuren produktiver Rezeption Ausschau zu halten, so etwa, in diesem Kontext allen anderen voran, wenn es um den Begriff des Ungrunds geht.

Dabei ist einzubeziehen, dass es zwischen Abgrund und Ungrund, so ähnlich sich die beiden in ihrer Semantik und Morphologie auch sein mögen, eine ganz erhebliche Differenz gibt. ›Abgrund‹ ist ein gewöhnliches Wort der deutschen Sprache, ›Ungrund‹ ist seit Böhme einzig in der dem Begriff von ihm zugeordneten Bedeutung und nur unter philosophisch interessierten Sprachteilhabern als Wort der deutschen Sprache bekannt. Das heißt, in der Etymologie des Begriffs sind zwei Etappen zu unterscheiden: Für die Zeit bis hin zu Böhme stellt sich die Frage, wie es bei ihm zur Prägung dieses Begriffs kam; dazu sind in allererster Linie die Eckhart-Predigten im Taulerdruck und speziell Eckharts Rede vom »grund[,] der gruntloß« ist, als möglicherweise initial in Betracht zu ziehen. Und für die Zeit danach folgt aus der Eigenart des Worts, im Grunde schließlich ein Neologismus, dass alle literarischen Einbindungen notwendig auch in Bezug zu Böhmes eigenem Verständnis gesehen und interpretiert werden müssen. Das gilt beispielhaft für den jungen Schelling und seinen »Urgrund oder vielmehr *Ungrund*«, in dessen Freiheitsschrift kein Hinweis auf den Ursprungsort des Begriffs zu finden ist, was aber die Leserschaft nicht dazu verleiten sollte, dessen Provenienz (gleichermaßen?) als für diese Schrift nicht weiter relevant zu beurteilen oder gar als solche in Frage zu stellen. Denn im Gegenteil, allein schon die Fülle der weiteren Begriffe, die Schelling neben dem Ungrund aus Böhmes Wortschatz übernimmt,[8] macht deutlich, wie wichtig die geistige Auseinandersetzung mit der Lehre des Vorgängers für die Konzipierung des eigenen Werks gewesen sein muss.

Und prinzipiell vergleichbar verhält es sich mit Texten moderner Lyrik wie eben den beiden Ungrund-Gedichten von Ernst Meister und Paul Celan. Auch in ihnen reicht allein das Vorhandensein des Begriffs hin, um einen Einbezug Böhmes in die Auslegung der Texte unumgänglich zu machen. Dabei tritt die oben umrissene Differenz besonders deutlich hervor. Während der Begriff des Abgrunds in Celans Verwendungen offener noch erscheint als in

7 Vgl. in Weigel (1977) das »Namenregister zu den Texten Weigels« S. 591 f.
8 Vgl. die Beispiele hierfür in Bonheim (2008).

den Schriften Böhmes, wo die möglichen Anlehnungen auf die Texte der Bibel und mittelalterlichen Mystik eingegrenzt werden konnten, kommt beim heutigen Hören oder Lesen des Begriffs Ungrund der Name Böhme nicht weniger konkurrenzlos in den Sinn als zu Zeiten Schellings. Daran hat sich in den letzten vier Jahrhunderten nichts geändert. Das Wort ist nach wie vor derart eindeutig konnotiert, dass man bei seinem Gebrauch in literarischen und das zumal lyrischen Texten fast schon von einem Zitat sprechen kann. Was aber macht den Sinn und Zweck einer solchen wörtlichen Wiedergabe dort aus? Was ist es, das einen Autor veranlasst, einen anderen in seinem Gedicht zu zitieren? Hier gilt, denke ich, allgemein: Falls das Zitat nicht durch seinen Kontext augenfällig als parodistisch oder gar als bewusst herabwürdigend ausgewiesen wird, handelt es sich bei seiner Einfügung um eine wertschätzende, wenn nicht gar huldigende Erinnerung, steht es »unter dem Zeichen eines vorgängigen Konsensus«.[9]

In Bezug auf die Lyrik Paul Celans hat Georg-Michael Schulz dazu eine erhellende Studie verfasst. Die Zitate, denen er nachspürt, stammen u. a. von Hölderlin, Nelly Sachs und Franz Kafka – am ausführlichsten beschäftigt er sich mit einem Zitat von Sigmund Freud –, Böhme kommt nicht vor, doch sind auf seinen »Ungrund« die gewonnenen Einsichten zweifelsfrei übertragbar. Celans Dichtung suche, so Schulz, anstelle eines unverbindlichen ›Mitklingen-Lassens‹ »den genauen Bezug«,[10] wobei in diesen Bezug zum Zitierten das Ineinander von unaufhebbarer Distanz und einer aus dem Gefühl der Verbundenheit erwachsenen Aktualität gleichermaßen eingehe: »das Zitierte ist eben zugleich das Fremde und das zum Eigentum Gewordene, es steht in einer Spannung von Ferne und Nähe. Im Sinne der Dialektik ist indessen ebensosehr wie die verbleibende Fremdheit die den Bezug erst ermöglichende Gemeinsamkeit hervorzuheben.«[11] Und das gilt freilich von beiden Seiten aus betrachtet: So wie Böhme mit der Celanschen Adaption trotz des ihm aus dem Herzen gesprochenen »such ich dich« vermutlich seine Schwierigkeiten gehabt hätte, so ist der Gebrauch des Böhmeschen Begriffs trotz seiner exponierten Positionierung wohl kaum ungebrochen als ein Bekenntnis zu der mit ihm verknüpften, vom Ganzen eines Weltentwurfs nicht abzulösenden Lehre zu verstehen. Die ferne Nähe, von der die zitathafte Nennung zeugt, ist nicht die zweier Anschauungen; es ist die zweier Personen, von denen die eine erkannt hat, dass mit einem Schlüsselwort aus Schriften der anderen die eigene Befindlichkeit in gleich zwei der sie bestimmenden Momente zur Spra-

9 Schulz (1984), S. 27.
10 Ebd., S. 31.
11 Ebd.

che gebracht wird: der bedrückenden Erfahrung der Bodenlosigkeit einerseits und einer – worauf auch immer gerichteten – inständigen Hoffnung.

Literaturverzeichnis

I. Schriften und Briefe Jacob Böhmes

Aus Böhmes Schriften und Briefen wird, soweit nicht aus bestimmten Gründen auf andere Ausgaben zurückgegriffen wird, nach den nachstehenden zwei Ausgaben zitiert.

Aus allen Schriften und Briefen, die sich auch in Autographen erhalten haben, nach:

BÖHME, Jacob, *Die Urschriften*, hrsg. von Werner Buddecke, Stuttgart-Bad Cannstatt Bd. I: 1963; Bd. II: 1966. (= B I und B II)

Aus allen Schriften, die sich nur in Abschriften erhalten haben, nach:

BÖHME, Jacob, *Sämtliche Schriften*, hrsg. von Will-Erich Peuckert. Faksimile-Neudruck der Ausgabe von 1730. 11 Bde, Stuttgart-Bad Cannstatt 1955–1961. (= P I – P XI) [Die Bände II und III waren 1942 bereits von August Faust herausgegeben und mit eigenen Einleitungen versehen worden.]

sowie: BÖHME, Jacob, *»Ein gründlicher Bericht von dem irdischen Mysterio und dann von dem himmlischen Mysterio« (1620)*, hrsg. von Günther Bonheim unter Mitarbeit von Michael Spang, in: Jacob Böhme, *Historisch-kritische Gesamtausgabe*, hrsg. von Günther Bonheim in Kooperation mit der Jacob-Böhme-Forschungsstelle am SRC Text Studies der Universität Stuttgart (= JBG). Abteilung I: Schriften. Band 5, Stuttgart-Bad Cannstatt 2020.

Die Schriften und Briefe im Einzelnen sind in der Chronologie ihrer Entstehung:[1]

»Morgen Röte im auffgang« (1612, B I)

1 In Anführungszeichen sind jene Schriften angeführt, die sich im Autograph erhalten haben und deren Titel von daher zweifelsfrei sind.

Beschreibung der drei Prinzipien göttlichen Wesens (1619, P II)
Vom dreifachen Leben des Menschen (1620, P III)
Vierzig Fragen von der Seele (1620, P III)
Ein gründlicher Bericht von dem irdischen Mysterio (1620, BGA 5)
Von der Menschwerdung Jesu Christi (1620, P IV)
Von sechs Punkten (1620, P IV)
Erste Schrift gegen Balthasar Tilke (1621, P V)
Zweite Schrift gegen Balthasar Tilke (1621, P V)
Erste Schrift gegen Esajas Stiefel (1621, P V)
Zweite Schrift gegen Esajas Stiefel (1622, P V)
Von der Geburt und Bezeichnung aller Wesen (1622, P VI)
Vom übersinnlichen Leben (1622, P IV)
Von göttlicher Beschaulichkeit (1622, P IV)
»Von der Gnaden wahl« (1623, B II)
Mysterium Magnum (1623, P VII und P VIII)
»Von Christi Testamenten« (1624, B II und P VI)
»APOLOGIA« (1624, B II)
Briefe (1619–24, B I, B II und P IX)

BÖHME, Jacob, *Jakob Böhme's sämmtliche Werke*, hrsg. von K[arl] W[ilhelm] Schiebler. 7 Bde., Leipzig 1831–47.

II. Schriften und Briefe Paul Celans

CELAN, Paul, *Zeitgehöft. Späte Gedichte aus dem Nachlaß*, Frankfurt am Main 1976.

CELAN, Paul, *Der Meridian. Endfassung – Entwürfe – Materialien*, hrsg. von Bernhard Böschenstein und Heino Schmull unter Mitarbeit von Michael Schwarzkopf und Christiane Wittkop, Frankfurt am Main 1999.

CELAN, Paul, *Die Gedichte*. Kommentierte Gesamtausgabe in einem Band, hrsg. und kommentiert von Barbara Wiedemann, Frankfurt am Main 2003.

CELAN, Paul, *»Mikrolithen sinds, Steinchen«*. Die Prosa aus dem Nachlaß. Kritische Ausgabe, hrsg. und kommentiert von Barbara Wiedemann und Bertrand Badiou, Frankfurt am Main 2005.

CELAN, Paul, *Werke*. Historisch-kritische Ausgabe. Band 14: *Nachgelassene Gedichte 1968 bis 1970*, hrsg. von Hans Kruschwitz und Thomas Schneider.

Unter Mitarbeit von Andreas Lohr in Verbindung mit Rolf Bücher, Frankfurt am Main 2008.

CELAN, Paul, *Breathturn into timestead.* The collected later poetry, a bilingual edition. Translation from the German and with commentary by Pierre Joris, New York 2014.

CELAN, Paul/WURM, Franz, *Briefwechsel*, hrsg. von Barbara Wiedemann in Verbindung mit Franz Wurm, Frankfurt am Main 1995.

CELAN, Paul/CELAN-LESTRANGE, Gisèle, *Briefwechsel.* Mit einer Auswahl von Briefen Paul Celans an seinen Sohn Eric, hrsg. und kommentiert von Bertrand Badiou in Verbindung mit Eric Celan. Anmerkungen übersetzt und für die deutsche Ausgabe eingerichtet von Barbara Wiedemann. Zwei Bände, Frankfurt am Main 2001.

CELAN, Paul, *»Du mußt versuchen, auch den Schweigenden zu hören«.* Briefe an Diet Kloos-Barendregt. Handschrift – Edition – Kommentar, hrsg. von Paul Sars unter Mitwirkung von Laurent Sprooten, Frankfurt am Main 2002.

CELAN, Paul/SHMUELI, Ilana, *Briefwechsel*, hrsg. von Ilana Shmueli und Thomas Sparr, Frankfurt am Main 2004.

CELAN, Paul/DEMUS, Klaus und Nani, *Briefwechsel.* Mit einer Auswahl aus dem Briefwechsel zwischen Gisèle Celan-Lestrange und Klaus und Nani Demus, hrsg. und kommentiert von Joachim Seng, Frankfurt am Main 2009.

CELAN, Paul, *Briefwechsel mit den rheinischen Freunden. Heinrich Böll, Paul Schallück und Rolf Schroers.* Mit einzelnen Briefen von Gisèle Celan-Lestrange, Ilse Schallück und Ilse Schroers, hrsg. und kommentiert von Barbara Wiedemann, Berlin 2011.

CELAN, Paul, *»etwas ganz und gar Persönliches«. Briefe 1934–1970*, ausgewählt, herausgegeben und kommentiert von Barbara Wiedemann, Berlin 2019.

CELAN, Paul, *La Bibliothèque philosophique. Die philosophische Bibliothek.* Catalogue raisonné des annotations établi par Alexandra Richter, Patrik Alac et Bertrand Badiou. Préface de Jean-Pierre Lefebvre. Éditions Rue d'Ulm/ Presses de l'École normale superieure, 2004.

III. Sonstige Literatur

ANGELUS Silesius, *Cherubinischer Wandersmann.* Kritische Ausgabe, hrsg. von Louise Gnädinger, Stuttgart 1984.

ASTER, Ernst von, *Geschichte der Philosophie*, Leipzig 1935.

BENDER, Hans, *Mein Gedicht ist mein Messer. Lyriker zu ihren Gedichten*, München 1961.

BENJAMIN, Walter, *Ursprung des deutschen Trauerspiels*, Frankfurt am Main 1972.

BENJAMIN, Walter, *Karl Kraus*, in: Ders., *Gesammelte Schriften* II,1, hrsg. von Rolf Tiedemann und Hermann Schweppenhäuser, Werkausgabe Band 4, Frankfurt am Main 1980, 334–367.

BENN, Gottfried, *Gedichte in der Fassung der Erstdrucke*. Mit einer Einführung herausgegeben von Bruno Hillebrand, Frankfurt am Main 1982.

BLOCH, Ernst, *Das Prinzip Hoffnung*, Frankfurt am Main 1959.

BONHEIM, Günther, *Zur Einführung: Plädoyer für eine Aufnahme Jacob Böhmes in die Gemeinschaft der Philosophen*, in: Günther Bonheim/Thomas Regehly (Hgg.), *Philosophien des Willens. Böhme, Schelling, Schopenhauer.* Böhme-Studien 2. Beiträge zu Philosophie und Philologie, Berlin 2008, 9–15.

BÜCHNER, Georg, *Sämtliche Werke und Briefe*. Historisch-kritische Ausgabe mit Kommentar herausgegeben von Werner R. Lehmann. Erster Band. Dichtungen und Übersetzungen mit Dokumentationen zur Stoffgeschichte, München 1974.

BUHR, Gerhard, *Celans Poetik*, Göttingen 1976.

DOPPLER, Alfred, *Der Abgrund. Studien zur Bedeutungsgeschichte eines Motivs*, Graz/Wien/Köln 1968.

DÜHRING, Eugen, *Kritische Geschichte der Philosophie von ihren Anfängen bis zur Gegenwart*. 3., theilweise umgearbeitete Auflage, Leipzig 1878.

ECKEHART [Meister Eckehart], Deutsche Predigten und Traktate. Herausgegeben und übersetzt von Josef Quint, Zürich 1979.

EISENREICH, Brigitte, *Celans Kreidestern*. Ein Bericht. Mit Briefen und anderen unveröffentlichten Dokumenten unter Mitwirkung von Bertrand Badiou, Berlin 2010.

FESTINER, John, *Paul Celan*. Eine Biographie. Deutsch von Holger Fliessbach, München 2000.

FRIEDRICH, Hans-Joachim, *Der Ungrund der Freiheit im Denken von Böhme, Schelling und Heidegger*, Stuttgart-Bad Cannstatt 2009.

GNÄDINGER, Louise, *Johannes Tauler. Lebenswelt und mystische Lehre*, München 1993.

GRIMM, Jacob und Wilhelm, *Deutsches Wörterbuch*. Band 1 und 24. Bearbeitet von der Arbeitsstelle des Deutschen Wörterbuches zu Berlin. Fotomechanischer Nachdruck der Ausgabe, München 1984.

GROSSE, Sven, *Der junge Luther und die Mystik. Ein Beitrag zur Frage nach dem Werden der reformatorischen Theologie*, in: Berndt Hamm/Volker Leppin (Hgg.), *Gottes Nähe unmittelbar erfahren. Mystik im Mittelalter und bei Martin Luther*, Tübingen 2007, 187–236.

HAAS, Alois M., *Das Nichts Gottes und seine Sprengmetaphorik*, in: Henriette Herwig/Irmgard Wirtz/Stefan Bodo Würffel (Hgg.), *Lese-Zeichen. Semiotik und Hermeneutik in Raum und Zeit.* Festschrift für Peter Rusterholz zum 65. Geburtstag, Tübingen und Basel 1999, 53–70.

HABERMAS, Jürgen, *Dialektischer Idealismus im Übergang zum Materialismus – Geschichtsphilosophische Folgerungen aus Schellings Idee einer Contraction Gottes*, in: Ders., *Theorie und Praxis*, Neuwied am Rhein und Berlin 1963, 108–161.

HAMACHER, Werner, *Die Sekunde der Inversion. Bewegungen einer Figur durch Celans Gedichte*, in: Werner Hamacher/Winfried Menninghaus (Hgg.), *Paul Celan*, Frankfurt am Main 1988, 81–126.

HANNAK, Kristine, *Geist=reiche Critik. Hermetik, Mystik und das Werden der Aufklärung in spiritualistischer Literatur der Frühen Neuzeit*, Berlin/Boston 2013.

HÖLDERLIN, Friedrich, *Werke und Briefe*, hrsg. von Friedrich Beißner und Jochen Schmidt. Erster Band. *Gedichte · Hyperion*, Frankfurt am Main 1969.

JANZ, Marlies, *»… den Himmel als Abgrund unter sich«. Celans Untergänge*, in: Celan-Jahrbuch 10, hrsg. von Hans-Michael Speier, Würzburg 2018, 7–46.

JORDANS, Stephanie, *Die »Wahrheit der Bilder«. Zeit, Raum und Metapher bei Ernst Meister*, Würzburg 2009.

KANT, Immanuel, *Kritik der reinen Vernunft*. Nach der ersten und zweiten Original-Ausgabe neu herausgegeben von Raymund Schmidt, Hamburg 1956.

KNAAP, Ewout van der, *Ernst Meisters Celan-Kritik aus textgenetischer Perspektive*, in: Natalia Blum-Barth/Christine Waldschmidt (Hgg.), *Celan-Referenzen. Prozesse einer Traditionsbildung in der Moderne*, Göttingen 2016, 61–76.

KÖBELE, Susanne, *Bilder der unbegriffenen Wahrheit. Zur Struktur mystischer Rede im Spannungsfeld von Latein und Volkssprache*, Tübingen/Basel 1993.

MANSTETTEN, Reiner, *Esse est Deus. Meister Eckharts christologische Versöhnung von Philosophie und Religion und ihre Ursprünge in der Tradition des Abendlandes*, Freiburg/München 1993.

MARTINI, Fritz, *Deutsche Literaturgeschichte von den Anfängen bis zur Gegenwart*, Stuttgart 1955.

MEISTER, Ernst, *Zeichen um Zeichen*. Gedichte, Neuwied u. a. 1968.

MEISTER, Ernst, *Prosa 1931 bis 1979*, hrsg. und mit Erläuterungen versehen von Andreas Lohr-Jasperneite, Heidelberg 1989.

MEISTER, Ernst, *Gedichte*. Textkritische und kommentierte Ausgabe, hrsg.

von Axel Gellhaus, Stephanie Jordans und Andreas Lohr. Band 3 und 5, Göttingen 2011.

NADLER, Josef, *Literaturgeschichte der deutschen Stämme und Landschaften*. 4 Bände, Regensburg 1912–1932.

PENMAN, Leigh T. I., *Böhme's Student and Mentor: the Liegnitz Physician Balthasar Walther (c. 1558-c. 1630)*, in: Wilhelm Kühlmann/Friedrich Vollhardt (Hgg.), *Offenbarung und Episteme. Zur europäischen Wirkung Jakob Böhmes im 17. und 18. Jahrhundert*, Berlin/Boston 2012, 47–65.

PÖGGELER, Otto, *Sein und Nichts – Mystische Elemente bei Heidegger und Celan*, in: Wolfgang Böhme (Hg.): *Zu dir hin. Über mystische Lebenserfahrung von Meister Eckhart bis Paul Celan*, Frankfurt am Main 1987, 270–301.

RÖD, Wolfgang, *Der Weg der Philosophie von den Anfängen bis ins 20. Jahrhundert*. Erster Band. *Altertum, Mittelalter, Renaissance*, 1994.

RUSTERHOLZ, Sibylle, *Elemente der Kabbala bei Jacob Böhme*, in: Günther Bonheim/Petra Kattner (Hgg.), *Mystik und Schriftkommentierung*. Böhme-Studien 1. Beiträge zu Philosophie und Philologie, Berlin 2007, 15–45.

RUSTERHOLZ, Sibylle, *Zur Typologie vorromantischer Böhme-Rezeption*, in: Günther Bonheim/Thomas Isermann/Thomas Regehly (Hgg.), *Mystik und Romantik. Rezeption und Transformation eines religiösen Erfahrungsmusters. Mit einem Themenschwerpunkt zu Jacob Böhme*, Boston/Leiden 2021 (im Druck).

SCHELLING, Friedrich Wilhelm Joseph, *Philosophische Untersuchungen über das Wesen der menschlichen Freiheit und die damit zusammenhängenden Gegenstände*, hrsg. von Thomas Buchheim, Hamburg 2. verbesserte Auflage, 2011.

SCHMIDT-BIGGEMANN, Wilhelm, *Das Geheimnis des Anfangs. Einige spekulative Betrachtungen im Hinblick auf Böhme*, in: Jan Garewicz/Alois Haas (Hgg.), *Gott, Natur und Mensch in der Sicht Jacob Böhmes und seiner Rezeption* [Vorträge, gehalten anlässlich eines Arbeitsgespräches vom 16. bis 20. Oktober 1989 in der Herzog-August-Bibliothek], Wiesbaden 1994, 113–127.

SCHOELLER REISCH, Donata, *Enthöhter Gott – vertiefter Mensch. Zur Bedeutung der Demut, ausgehend von Meister Eckhart und Jakob Böhme*, Freiburg/München 1999.

SCHULZ, Georg-Michael, *»fort aus Kannitverstan«. Bemerkungen zum Zitat in der Lyrik Paul Celans*, in: Text + Kritik. Zeitschrift für Literatur, hrsg. von Heinz Ludwig Arnold. Heft 53/54. *Paul Celan*. Zweite, erweiterte Auflage, Juni 1984, 26–41.

SCHULZE, Joachim, *Celan und die Mystiker*. Motivtypologische und quellenkundliche Kommentare, Bonn 1976.

[SIEBMACHER, Johann,] *Wasserstein der Weysen / Das ist / Ein Chymisch Tractät-*

lein / darin der weg gezeiget / die Materia genennet / vnd der Proceß beschrieben wird / zu dem hohen geheymnuß der Vniuersal Tinctur zukommen / vor diesem niemalen gesehen […], Frankfurt am Main 1619.

SIHOMBING, Apeliften Christian B., *Mystik und Dialog der Religionen: ein Vergleich mystischen Denkens im Protestantismus, im Sufismus und in der Kebatinan und seine Bedeutung für den interreligiösen Dialog in Indonesien*, Berlin u. a. 2012.

SPEIER, Hans Michael, *Grund und Abgrund des Gedichts. Raum als poetologisches Phänomen im Werk Paul Celans*, in: Irmela von der Lühe/Anita Runge (Hgg.), *Wechsel der Orte*. Studien zum Wandel des literarischen Geschichtsbewußtseins. Festschrift für Anke Bennholdt-Thomsen. Unter Mitarbeit von Regina Nörtemann, Cettina Rapisarda und Herta Schwarz, Göttingen 1997, 51–66.

STÖRIG, Hans Joachim, *Weltgeschichte der Philosophie*. Gütersloh: Bertelsmann Club. Lizenzausgabe des Kohlhammer-Verlags: Stuttgart 1985.

SZONDI, Peter, *Celan-Studien*, Frankfurt am Main 1972.

[TAULER, Johannes,] *Joannis Tauleri des seligen lerers Predig / fast fruchtbar zů eim christlichen leben*, Basel 1522.

TRAKL, Georg, *Das dichterische Werk*. Auf Grund der historisch-kritischen Ausgabe von Walther Killy und Hans Szklenar, Salzburg 1972.

VOLLHARDT, Friedrich, *Ungrund. Der Prozess der Theogonie in den Schriften Jakob Böhmes. Mit Hinweisen zu einigen Praetexten und zur Wirkung im 17. Jahrhundert*, in: Peter Strohschneider (Hg.), *Literarische und religiöse Kommunikation in Mittelalter und Früher Neuzeit*, Berlin/New York 2009, 89–123.

WEIBLER, Elisabeth, *»O seelige Natur!« Bezüge zwischen Hölderlins Hyperion und dem idealistischen Denken aus religionsgeschichtlicher Sicht*, Frankfurt am Main 1996.

WEIGEL, Valentin, *Ausgewählte Werke*, hrsg. und eingeleitet von Siegfried Wollgast, Berlin 1977.

WEIGELT, Horst, *Pietismus-Studien*. Band 1. T. 1. *Der spener-hallische Pietismus*, Stuttgart 1965.

WIEDEMANN, Barbara, *Paul Celan – Die Goll-Affäre. Dokumente zu einer ›Infamie‹*. Zusammengestellt, herausgegeben und kommentiert von Barbara Wiedemann, Frankfurt am Main 2000.

Personenregister